| 3·8 민주의거기념시선집 |

함성은 침묵으로 쌓여 흐른다

3·8민주의거 기념 시선집

함성은 침묵으로 쌓여 흐른다

펴낸날 _ 2011년 11월 1일
발행처 _ 사)3·8민주의거기념사업회
편　집 _ 대전문인총연합회

펴낸곳 _ 기획출판 오름
등록번호 _ 동구 제 364-1999-000006호
등록일자 _ 1999년 2월 25일
주소 _ 대전광역시 동구 삼성1동 122-2
전화 _ 042.637.1486
팩스 _ 042.637.1288
E-mail _ orumplus@hanmail.net

ISBN _ 978-89-90151-50-6

값 8,000원

3·8민주의거 기념탑

대전광역시 서구 둔지미 근린공원
2006년 7월 14일 제막

3·8민주의거51주년기념(2011. 3. 8)행사 사진
대전일보(2011.3.9) - 빈운용기자 촬영

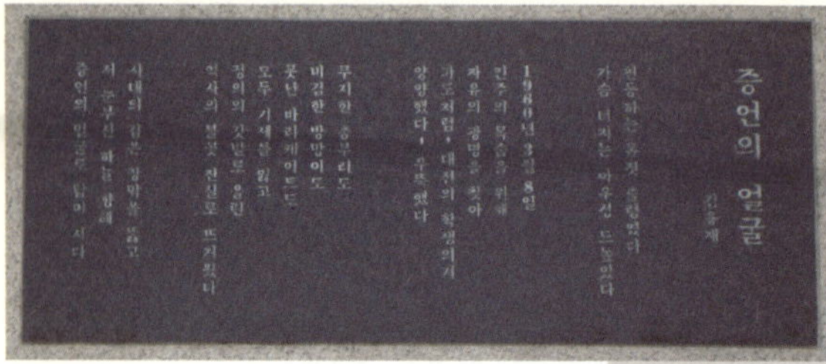

증언의 얼굴

김용재

천둥하는 몸짓 출렁였다
가슴 터지는 아우성 드높았다

1960년 3월 8일
민주의 목숨을 위해
자유의 광명을 찾아
파도처럼, 대전의 학생의거
양양했다 - 우뚝했다

무지한 총부리도
비겁한 방망이도
못난 바리케이드도
모두 기세를 잃고
정의의 깃발로 올린
역사의 불꽃 진실로 뜨거웠다

시대의 검은 장막을 뚫고
저 눈부신 하늘 향해
증언의 얼굴로 탑이 서다

자유와 민주의 큰 열매를 상징하는 대형의 구(球)
지름 2m40cm

3·8민주의거는 1960년 3월 8일부터 10일까지 대전의 고등학교 학생들이 맨손으로 독재정권에 항거한 선구적 학생운동이다.

부정과 부패, 불의와 불법, 억압과 폭정으로 빼앗긴 민권을 되찾기 위해 무장의 철권에 맞서 목이 터져라 자유와 정의를 외친 이 운동은 곧 4·19혁명으로 이어진 충청인의 시민정신이요 깨어있는 민족혼의 발로였다. 자랑스런 이 정신을 길이 선양하고 전승하기 위한 간절한 뜻을 여기 고귀한 생명의 돌 하나에 새긴다.

순결한 학원을 밀치고 나와 거리에 용솟음치던 그 푸른함성은 민족의 존엄을 찾는 생생한 넋이었고 민주제단의 거룩한 횃불이 되었음을 증언하노니, 어찌 그 뜨거운 주권의 불길을 잊을 수 있으랴. 이제 우리의 의로운 역사는 숭고한 소망의 빛깔로 3월을 더 곱게 꽃피우고 더 찬란하게 가꾸어 갈 것이다.

2006년 7월

사단법인 3·8민주의거기념사업회. 사단법인 대전·충남4·19혁명동지회

3·8민주의거기념탑 - 건립문

3·8민주의거 기념조형물 건립추진위원

권오덕	김강순	김재방	김동율	김만영	김무환	김봉재
김상섭	김선균	김선근	김성무	김성준	김순원	김명광
김용문	김용재	김원웅	김태순	김태희	김학동	나이수
노만석	노용부	민원식	민응식	박강수	박노순	박병현
박연철	박재구	박웅범	변병학	신종구	서정의	서영석
성춘호	성우용	양창열	염석원	오명환	오복영	오성근
오영자	오진균	오희중	유재익	이강호	이기용	이부흔
이상훈	이성숙	이양희	이은구	이원옥	이재환	이춘호
이창수	이해남	인창원	임유덕	전인석	전희남	정기창
정무영	정일근	정일득	정홍영	조영재	차창국	최영상
최우영	한만우	홍성표	홍순양	황충민		

3·8민주의거 기념조형물 건립추진위원

탑기둥 하단 전후면의 부조(浮彫 · 돋을새김)
민주발전을 위해 고뇌하고 행동하는 젊은이의 모습

지원기관 : 국가보훈처, 대전광역시

시 행 처 :
사단법인 3·8 민주의거 기념사업회
사단법인 대전·충남 4·19혁명 동지회

조　　각 : 한남대학교 교수 박병희

글　　씨 : 대전대학교 교수 정태희

시　　공 : 경기석재. 태종미술주조

건 립 일 : 2006년 7월

3 · 8 찬가

시 : 김용재
곡 : 이종희

♩= 96

mf

삼 월 의 검 붉 은 함 성 들 리 는 가 청 사 의
부 정 도 부 패 도 모 두 사 라 졌 나 독 수 리

갈 피 갈 피 열 어 보 리 라 새 역 사 웅 시 한 눈 빛
눈 ㅡ 으 로 투 시 하 리 라 불 의 도 불 신 도 함 께

빛 나 는 가 우 러 러 마 음 하 나 살 펴 보 리 라
무 너 졌 나 사 자 의 혼 을 깨 워 기 립 하 리 라

파 릇 한 생 명 의 고 동 뛰 고 있 는 가 민 족 의 심 장
피 끓 는 역 사 의 정 기 솟 아 나 는 가 존 엄 한 영 광

들어가 리라 *f* 민 주를불밝 힌 대 전이 여 정 의를꽃 피 운
삼창하 리라 절 망을꺾어 낸 대 전이 여 어 둠을쓸 어 낸

삼 팔 이 여 *ff* 우 리 는 민주의자손으로 우 리는
삼 팔 이 여 우 리 는 민주의자손으로 3 우 리는

정 의의들꽃으 로 영 원히 영 원히 영 원히 아름답 게 빛
겨 레의들꽃으 로 영 원히 영 원히 영 원히 아름답 게 빛

1. 2.

fff 나 리 라 나 리 라빛나리 라
나 리 라 나 리 라빛나리 라

大高의 얼

김영덕

내일을 향해 힘차게 일어선
우리는 영원한 횃불
여기 대능(大稜)에 치솟는 함성은
슬기로 뭉쳐 의(義)를 세운 증언
빛나는 눈이어라. 용기이어라.
大高는 무한한 조국의 보람

대전고 교정 (1962년 5월 건립) | 대전광역시 중구 대흥동 320-2

◈ 가급적 한자는 한글로 바꾸었으며 필요하다고 생각되는 것은 ( )로 처리하였음.

金永德 - 1927년 대전 출생. 수필가. 한국문협회원.
3·8 및 4·19당시 대전고 국어교사.
수필집 『자의식의 미화』(1969), 『나무도 보고 숲도 보고』(1970)등 다수

수련은 조국으로

지헌영

1960년 남아의 의기는 울부짖더라
불굴의 3월 8일 부정과 마주섰던 4·19
이 동산에 자란 孫重瑾 · 李基泰 · 高炳來
세 송이 봉오리여
사나운 비바람에 못다금 핀 채
서울에 흩날려 지더니라
아아 「수련은 조국으로」의 마음은
이 돌에 길이 머므올가

◈ 불굴의 3월 8일 : 1960년 3월 8일 - 4·19의 디딤돌이 된 대전고 1000여명 의거일
◈ 손중근(대전고 36회 - 4·19당시 서울대사대 국문과 4년 - 4·19희생자)
◈ 이기태(대전고 36회 - 4·19당시 경희대법대 정치과 3년 - 4·19희생자)
◈ 고병래(대전고 37회 - 4·19당시 중앙대상대 3년 - 4·19희생자)

◈ 현정탑 건립 기념시 - 「수련은 조국으로」의 시제목은 시구에서 뽑아 김용재시인이 붙인 것임. 이 말의 원 출처는 대전고 교가 후렴구 마지막 부분 「수련은 조국으로 멈출 줄 없다」이며 이 교가 작사자 역시 지헌영선생이다.

지헌영 (池憲英 : 1911-1981). 대전 출생. 국문학자.
충남대교수, 호서문학회 대표위원. 대전일보사 사장, 한국어 문학회 회장 등 역임.

손중근 추모비

서울대학교 4·19혁명희생자 추모공원

젊은 학도
봉화를 들었으니
사랑하는 겨레여
4·19의 외침을
길이 새기라

희생자 손중근 유재식
1960년 10월

손중근 (孫重瑾 : 1938-1960). 대전광역시 동구 산내동 정생리 출생.
서대전초 · 대전중 · 대전고졸업(36회), 서울대 사범대 국어교육과 재학중이던 1960년 4월 19일 중앙청 앞 시위중 총탄으로 흉부관통, 현장에서 희생됨.

4·19혁명 열사 이기태 추모비

충북 영동군 학산면 봉소리 · 1996년 4월 19일 세움

이기태 (李基泰 : 1937-1960). 충북 영동군 학산면 봉소리 출생.
전북 무주초 · 무주중 졸업. 대전고 졸업(36회). 경희대 학생회장.
1960년 4월26일 故이기붕 집 앞에서 데모하던 중 차에서 추락 부상하여
세브란스 병원 입원 중 다음날(27일) 밤 사망, 희생됨.

4·19학생기념비문

전북 무주·한풍루 공원

아!
학도는 맨주먹으로
불의 앞에 얼마나 용감하였던가
자유와 평화와 민족번영을 위하여
역사 앞에 새겨진
단기 4293년 4월 19일
떨어진 꽃들은 영원히 푸르름속에
열매를 맺고 가버린
어린 꽃들을
이기태군을
민주의 선봉이라 이름 새겨
고이 잠재워 주십시요
우리들은 뿌리고 간 민주화 씨를
가꾸고 북돋우어
청사에 영원히 빛나게 하리라

단기 4293년 7월29일
재경무주학우회

◈ 이기태열사는 경주이씨 국당공 후손으로 아버지 이동표, 어머니 김정련 사이에 외아들로 충북 영동군 학산면 봉소리에서 태어났다. 열사의 나이 일곱 살 때 아버지를 교통사고로 여의고 산 하나 넘어 어머니 고향 무주에서 초등학교와 중학교를 다녔다. 어머니는 금년(2011년 2월 현재) 95세로 무주에서 살고 있다.

◈ 이 기념비는 당초 무주중학교 정문 앞에 세웠던 것인데 도시계획에 의해 1992년 10월15일 이곳 한풍루 공원으로 이전됨.

민주탑

자유
그처럼 그리고 목말라 하던 끝에
찾은 우리 겨레가
선영의 의혈(義血)로 찾아 준
조국 광복의 그날부터
잔등을 휴전선으로 졸라맨 나라
불국의 땅에서 모질게 살아야만 하는 숙명
그것만 해도 피가 맺히는데
이방이 아닌 몇 사람의 손에
자유는 짓밟히고 주권은 억눌려
또 다시 더럽힌 조국 12년의 역사에 산 탓으로
내일이 하 슬퍼 -
참다못해 일어난 젊은 생명들
독재정권을 와지끈 물러가라고 소리소리
사자와 같이 노호(怒號)하는 4 · 19의
줄기찬 혁명의 대열에 앞장선
우리의 고병래 형과 김창섭 형 -
오오! 장하여라! 민주혁명의 투사였다
번지는 피를 깔고 누워서 까지
피보다도 목숨보다도 더 소중한 건
겨레의 자유와 주권이라던 목메인 소리
한 없이 메아리 되어 신생의 공화국
우리는 죽어도 아니 잊으리 - 아니 잊으리

그래도 병들어 숨지운 서울의
남산은 아니고
함께 정들어 여기
조그만 추모의 탑을 세워 그 정신을 배우고
혁명의 계절인 4월이 올 때마다
천자만홍(千紫萬紅)의 향훈(香薰)속에 잠든 넋
불여귀(不如歸)를 노래하는 두견새와 함께
목이 메도록 불러
다음은 멸공통일로 보답하오리…

단기 4293년 8월 12일

◈ 이 민주탑은 충남 금산군 금산읍 하옥리 남산공원에 세워져 있으며 탑을 세운 주최측과 추모시를 쓴 사람을 알 수 없다.

고병래 (高炳來 : 1939-1960). 충남 금산군 금산읍 상옥리 출생. 대전고 37회 졸업. 1960년 4월19일 중앙대학교 데모대 선두에서 항거하다 내무부앞에서 경관총탄에 두부관통 희생됨.

김창섭 (金彰燮 :1938-1960). 충남 금산군 남이면 흑암리 출생. 금산농고 졸업. 1960년 4월19일 숭실대 데모대 선두에서 경무대로 향하던 중 경관 발포 총탄에 흉부관통 희생됨.

2·28민주의거 기념탑

1963.2.28.제막. 대구 두류공원

비문 · 바야흐로 선거전이 불꽃 튀는 어느 날
월등 세승한 야당을 오직 억압키에
천박한 휼계로써 모든 순결한 학원과
학도까지 구박하기 이르매,
이미 무수한 불의와 모순을 보아 온
썩어진 그 제지함도 물리치고 분연히
교문들을 박차고 일제 뛰쳐나와 몰려
드는 경찰의 빗발 같은 철권과 발길에
도 무릅쓰고, 우리에게 자유를 달라,
학원을 정치 도구화하지 말라, 소리
소리 외치며 온 거리를 메꾸어 묻었
으니 이 날이 1960년 2월 28일이더라.
〈일부 발췌〉

3·15의거 기념탑

마산시 합포구 서성동 84-331(62.9.20.건립)

비문 · 저마다 뜨거운 가슴으로 민주의
깃발을 올리던 그 날
1960년 3월 15일!
더러는 독재의 총알에 꽃이슬이 되고
더러는 불구의 몸이 되었으나
우리들은 다하여 싸웠고,
또한 싸워서 이겼다.
보라, 우리 모두 손잡고 외치던
의거의 거리에 우뚝 솟은 마산의 얼을
이 고장 3월에 빛발친 자유와 민권의
존엄이 여기 영글었도다.

4·18기념탑

고려대학교 교정

〈자유! 너 영원한 활화산이여!〉
사악과 불의에 항거하여
압제의 사슬을 끊고
분노의 불길을 터뜨린
아! 1960년 4월 18일
천지를 뒤흔든 정의의 함성을 새겨
그 날의 분화구 여기에 돌을 세운다

高麗大學校教職員一同
財團法人　中央學院
高麗大學校　校友會
高麗大學校　後援會

閔福鎭 彫刻
趙芝薰　銘
金忠顯　書

1961年 4月 18日 세움

사월학생혁명 기념탑

서울특별시 강북구 수유4동 산9-1.
1963년 설치.

사월학생혁명기념탑

一九六0년 四월 十九일 이 나라 젊은이들의 혈관 속에 정의를 위해서는 생명을 능히 던질 수 있는 피의 전통이 용솟음 치고 있음을 역사는 증언한다.
부정과 불의에 항쟁한 수만 명 학생 대열은 의기의 힘으로 역사의 수레바퀴를 바로 세웠고 민주제단에 피를 뿌린 186위의 젊은 혼들은 거룩한 수호신이 되었다.
해마다 4월이 오면 접동새 울음 속에 그들의 피 묻은 혼의 하소연이 들릴 것이요 해마다 4월이 오면 봄을 선구하는 진달래처럼 민족의 꽃들은 사람들의 가슴마다 되살아 피어나리라.

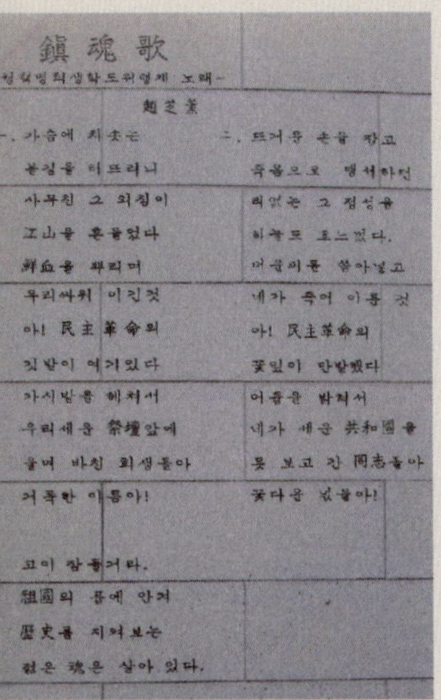

국립 4.19묘지시비
서울특별시 강북구 수유4동산9-1

진혼가

- 4월 혁명 희생학도 위령제 노래

조지훈

I
가슴에 치솟는
불길을 터트리니
사무친 그 외침이
강산을 흔들었다

선혈을 뿌리며
우리 싸워 이긴 것
아! 민주혁명의
깃발이 여기 있다

가시밭을 헤쳐서
우리 세운 제단 앞에
울며 바친 희생들아
거룩한 이름아!

고이 잠들거라.
조국의 품에 안겨
역사를 지켜보는 젊은 혼은 살아있다.

II
뜨거운 손을 잡고
죽음으로 맹세하던
티 없는 그 정성을
하늘도 흐느꼈다.

더운 피를 쏟아 넣고
네가 죽어 이룬 것
아! 민주혁명의
꽃잎이 만발했다

어둠을 밝혀서
네가 세운 공화국을
못 보고간 동지들아
꽃다운 넋들아!

고이 잠들거라.
조국의 품에 안겨
역사를 지켜보는
젊은 혼은 살아있다.

- 국립 4.19묘지 시비
- 제 45주년 4.19혁명기념행사(2005. 4.19. 대전광역시청대강당)
  추모헌시(김용재시인 낭송)

◈ 국립4·19묘지에는 조지훈의 「진혼가」를 비롯해서 윤후명, 김윤식(金潤植), 장만영, 송욱, 박화목, 구상, 박목월, 정한모, 이성부, 유안진, 이한직등 12명의 시인이 쓴 진혼시비가 있다.

| 3·8 민주의거기념시선집 |

함성은 침묵으로 쌓여 흐른다

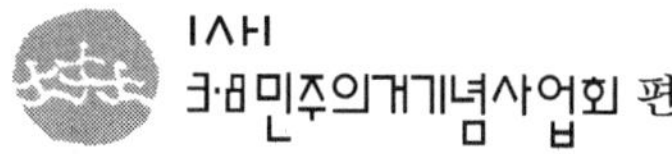

Orum Edition

| 발간사 |

문화는 또한 3·8의 자존심

최우영 · 정기창
3·8민주의거기념사업회 공동의장

「3·8민주의거」는 우리의 역사입니다.

1960년 3월 대전소재 고등학생들이 자유당의 독재에 항거하고 3·15 부정선거를 규탄한 민주화운동입니다. 돌이켜보면 3·8정신은 불의를 용인할 수 없는 우리 대전·충청인의 나라사랑 정신이며 또한 학생정신이라 하겠습니다.

반세기가 지난 오늘 우리 세대는 3·8의거의 참 뜻을 대전·충청의 학생정신, 나아가 시민정신으로 계승 발전시켜야 할 과제를 안고 있습니다. 우리 기념사업회에서는 그간 「학술대회」개최, 『三·八民主義擧』자료집 발간, 우리고장 초·중등 교과서 현대사 편에 「3·8민주의거」등재, 「기념탑」건립, 대전광역시 조례에 의한 「3·8민주의거기념일」지정, 『50년 - 3·8민주의거』기념책자 발간등의 일을 진행해 왔으며, 앞으로도 기념탑이 있는 둔지미공원의 활성화, 기념관 건립, 「민주화운동기념사업법 개정안」추진, 후세교육 등의 사업을 추진하고 있습니다.

이러한 때에 대전문인총연합회 김용재 회장님을 비롯한 시인 여러분들의 적극적인 협조로 3·8민주의거 기념 시선집 『함성은 침묵으로 쌓여 흐른다』를 발간하게 된 것은 큰 보람이며 영광입니다. "시의 의미의 주된 효용은 독자의 습성을 만족시키고 시가 그의 마음에 작용하는 동안 정신에 대해서 위안과 안정감을 주는데 있다"고 한 T. S. 엘리어트의 말을 상기하면서, 시의 효용성이 진정으로 3·8에 위안을 주고 안정감을 줄 것이란 믿음을 확연하게 새겨봅니다.

역사와 더불어 3·8의거가 이렇게 집중적으로 문학적 조명을 받고 있다는 사실에, 다시 한 번 시인 여러분께 감사 말씀을 드립니다. 3·8을 새기는 더 많은 사람들이 시의 의미를 캐며 아름다운 삶을 가꾸어 갈 것입니다. 이것이 문화의 영향이라면 문화는 또한 3·8의 자존심이 될 것입니다.

|목차|

오름시인선 8 · **함성은 침묵으로 쌓여 흐른다**

화보

3·8 / 2·28 / 3·15 / 4·18 / 4·19
기념비 & 기념시

제1부

꽃보다 더 밝은 민주의 등불

제2부

푸른 들풀로 솟아나라

(사)
3·8민주의거기념사업회 편

제1부

꽃보다 더 밝은 민주의 등불

대흥동과 문창동 일대의 주택가 골목에서 학생들이
경찰에 쫓기고 있다. (대전고. 1960. 3. 8)
- 사진제공 · 홍영유 -

터져오르는 함성 외1

조지훈

네 벽 어디를 두드려 봐도
이것은 꽝꽝한 바윗속이다.
머리 위엔 푸른
하늘이 있어도
솟구칠 수가 없구나.
민주주의여!
절망하지 말아라
이대로 바윗속에 끼어 화석(化石)이 될지라도
1960년대의 포악한 정치를
네가 역사 앞에 증거하리라.
권력의 구둣발이 네 머리를 짓밟을지라도
잔인한 총알이 네 등허리를 꿰뚫을지라도
절망하지 말아라. 절망하지 말아라
민주주의여!
백성의 입을 틀어막고 목을 조르면서
"우리는 민주주의를 신봉한다."고
외치는 자들이 여기도 있다.
그것은 양의 탈을 쓴 이리
독재가 싫어서 독재와 싸운다
손뼉치다가 속은 백성들아

그래도 절망하진 말아라
민주주의여!
생명의 밑바닥에서 터져오르는 함성
그 불길에는
짓눌려 놓은 바위 뚜껑도
끝내 하늘로 튕겨지고 마는 것
가슴을 쾅쾅 두드려봐도
울리는 것은 자유의 심장, 그것은 광명
암흑의 벌판에 불길을 뚫고
구비치는구나 이 격류에
바위도 굴러내린다
절망하진 말아라
이대로 가시를 이고 바다속에 던져질지라도
불의를 증오하고 저주하는 파도는
네 몸의 못자욱을
고발하리라 백일 아래
민주주의여!

- 《새벽》 5월호(1960. 4.15)
- 『四月革命』(4월혁명동지회편 : 1965. 4. 16)
- 『너는 보았는가 뿌린 핏방울을』(3·15의거기념사업회편 : 2010. 9. 9)
- 『50년-3·8민주의거』(3·8민주의거기념사업회편 : 2010. 12. 25) pp.389-90

마침내 여기 이르지 않고는
끝나지 않을 줄 이미 알았다

양심의 눈물만이
불순한 피를 정화할 수 있느니라
죄 지은 자여 사흘 밤 사흘 낮을
통곡하지 않고는 말하지 말라
그것은 천리였다
그저 터졌을 뿐
터지지 않았을 뿐
애국이라는 이름조차 차라리 붙이기 송구스러운
이 빛나는 파도여
해일이여

- 『50년 - 3·8민주의거』(2010. 12. 25) p.389.
김구(金久) - 「3·8의거-우리들의 정신적 고향」 찬미 혁명시

·조지훈(趙芝薰 : 1920 - 1968) 본명 동탁(東卓)

경북 영양 출생. 혜화전문 문과졸업. 고려대교수,한국시인협회장 등 역임. 1939년 《문장》지 통하여 데뷔. 박두진, 박목월등과 『청록집』(1946)을 간행하였고 시집 『풀잎 단장』(1952), 『조지훈 시선』(1956)등을 간행하였으며 저서 『시의 원리』(1953), 수상집『창에 기대어』(1958)등을 간행하였다.서울 남산에 조지훈 시비가 건립되었다(1972).

네 혼을 다시 불러

소영

분노에 뒤끓던 그날을 생각하니
구멍난 네 가슴엔 선지피가 흘렀었다
영혼은 어드메 가고 무덤속에 잠자나

가난한 네 심령에 불꽃처럼 일던 정열
새파란 눈망울 속에 총알이 박힌 뒤에
나뭇잎 떨어지듯이 떨리우고 말다니

二八의 한사리가 헛되지 않았나니
三천만 가슴속에 영구히 살아있을
내일의 새 씨앗들을 심어놓고 갔구나

목숨을 아시어간 메마른 조국땅에
핏빛나는 무궁화를 다시 피게 하여라
장하다 네혼을 불러 함께 울고 싶어라

- 대전일보(1960.4.20)

조국이여!

- 합동위령제에 부침

김태홍

하늘도 울어라
오 ― 땅도 울어라
조국이여 이 날을 명심하라

지성의 별
자유의 상징. 빛나는
〈학생〉이란 이름을 기억하라.

네 가난한 품 속에서
그래도 엮어보는 꿈도 마지막 목숨까지도
못난 조국이여
네 무지한 총부리에
무참히 짓밟혀 죽던 날을
조국이여……
이 날을 명심하라.

피는
여기 그들의 아우성은
무수히 민주주의의 씨를 이 땅에 뿌리고
하늘 아래 묻힌다.

묵묵히 자유의 교훈으로 죽어서 산다.

피로써 손을 씻어라.
총을 겨누던 자들은 물러가라
그래서 이들이 뿌린 피의 의미를
역사의 의미를
그들의 아우성을 들어보라.
네 썩은 심장을 볼 것이다.

오 ─ 하늘도 땅도 울어라
마산에서
부산에서
서울에서
광주, 대구, 대전, 전주, 여수, 인천……에서
방방곡곡에서 뿌린 순결한 피들이
우리들 눈물 속에 오늘 승화하는 것이다.

조국의 하늘로 땅 속으로
다시 우리들 피 속으로 맥맥히 불사조의 혼
정의의 불길로 번져가고 있는 것이다.

못난 조국이여!
오늘을 기록하라.
피를 짓밟는 추파(秋波)를 용납하지 말라.
죽어서 받드는 자유와 민주주의
오 ─ 〈학생〉이란 이름을

오늘을 영원히 명심하라.

자유 —

그것만이 우리들의 조국인 것이다

- 부산일보 1960. 4. 24

- 『너는 보았는가 뿌린 핏방울을』 (3·15의거 기념사업회편 : 2001. 9. 9)

＊이 시가 발표된 60. 4. 24일자 신문에서는 제3연이 군검열에서 삭제되어 발표되었지만 이틀 뒤인 4.26일자 신문에서 삭제된 부분을 '독자들을 위해 삽입'해 놓고있다.

· **김태홍**(金泰洪 : 1925 - 1985)

경남 창원 출생. 해인대학 문학부졸업. 1950년 시집『땀과 장미와 시』로 문단 데뷔. 한성여대, 부산여대 교수역임.
시집 『창』(1954), 『조류(潮流)의 합창』(1958), 『당신이 빛을』(1965)등이 있다.

어린 조국에

- 후렴있는 4월의 노래

전여해

칠판에서 선생님들은
숫자를 맞추고 있었고
귀여운 손가락들
4월의 노래를 짓고 있었다
봄맞이 노래가 아닌
비분의 사모친 서곡(序哭)을.

소근 소근거리고 싶은
입술들이 핏무리 뛰는
여울 물결에서
눈시울 뜨거운 숨찬 것들이
주먹을 쥐었다
지휘자도 없이
작사도 작곡도 없는
노래들이
육성이 메마른
시민의 뜨락 새에서

웅성대는 4월의 맑은 골목
거리에서 파도치는

새싹들의 목숨의 울림들

제목은 「어린 조국」이었고
테마도 「어린 조국」이었고
「따의 마음」순진한 고것들이
후렴이 요란한 진짜
제 노래를 합창해주었지
꽃 술래처럼 양손을 끼고
모두를 대신해 생명의 노래를
4월의 맑은
시민의 뜨락 넘어서

- 대전 1·2차 학생데모에 올리는 꽃다발
1960년 4월27일, 대전일보

· **전여해(全汝海** : 1926 - ?)

호서문학에 「너 하나만 위해」(1956)를 발표하면서 문단활동을 시작했다. 시집 『풀밭에서』(1960)를 남긴 후 1960년대 후반부터 방랑생활을 하였으나 1980년대 후반부터 그의 행적 또는 생사문제를 파악하기가 어렵다.(구상회 시인 증언)

같이 싸워 같이 죽자고 하더니

윤영근

오호!
장하다 그 꽃이여
결실이야 말해 무엇하리
그대들의 피에 붉어 민주벽은 클 것이다
그대들은 원통없다
이곳에서 할 것을 다 했을 뿐이며
천국에서 위대한 영생의 면류관을 받어
선열들의 보좌(寶座)옆에 어엿이 앉았으리라
빛나리로다 앞서간 학우여
딱딱한 땅에 피와 살을 던져버리고
등관환향(登官還鄕) 가버린 그대들 다음은 안심하다
이땅 위엔 우리가 밟고 있다
그대들이 가기 전날 삼각지 XX다방에서
열두손을 한데 모으고 「우리들은 열을내야
할 곳에서 같이 싸워 같이 죽자고」하나님께 피흘려 맹서한 우리, 우리가 있다는 것을
슬프다 가버린 학우!
오작도 창공을 날더라
눈 감으면 그때 그대들의 주름잡힌 얼굴
평생 팔자라도 누가 나쁘다고 했는지?

눈을 뜨면 수수깽이 씹는 듯이 허망해버린 음성
그럴 때면 축원처럼 흘러나오는 그 노래다
그리고 비애는 없는데 흘러내리는 것도 눈물
소리개 도는 입에서 병아리 숨쉬며
합동공작 부르던 그 애탄사 눈물없이 그대들의 영혼앞에서 부르노라

XXX

원통해서 못살겠네 「데모」해도 못살겠네
믿지못할 그 「선거」에 「자유」를 빼앗기고
하지못할 그 「맹서」에 「주권」도 짓밟어놓고
마즈막 「고」한다 그 「경고」라니 원통해서 「우린」못살겠네
우리들은 언젠가 비오는 날 중국식당에서
이 노래 부르다가 욕먹은 일이 있지
"학생들이 우리를 경찰에게 잡혀 보낼랴고
우리집에 와서 그런 소리를 한다고" 하며
그렇지만 이제 안심하고 소리높이 불러다오
그대들이 흘리고간 피에 위선자들의 얼굴이 붉어졌다네
슬프다 꺾어진 애국벽

XXX

억울해서 못살겠네 "피흘러"도 못살겠네

주시못할 그「투표」에 「국민」이란 이름 잃고
자랑삼던 「공명선거」 물들어 못쓰겠다고
「당신」을 「사례」란 그 인사라니 억울해서 「국민」은 못 살겠네

XXX

애도!
불상하다 악정 계모 밑에서 솟닦는 전실자식들
그대들이 난동했길래
아니다 그싹은 선량했다
국민들도 말하더라 그 흔적 영원히 없어지지 않을 것이라고
그리고 나는 보았다 다리밑에 산다고 하며
모금함에 돈을 넣는 것을
그리고 「우리들도 앞으로 좋은때가 올 것입니다 수고하십시요」라는 인사도 받었소
당신네 들은 참다운 열매를 맺어놓았고
그 뿌리 구천에 깊이 박고 기리기리 전달되기를 국민은 다같이 기원하네
눈물없이는 쓸 수 없기에 이만 주리니
부디 부디 그곳에서 활기있게 살아라
묶여 살던 이곳이 다시 한번 생각 없을게다
그러면 머지않은 날에 우리의 열두손이
또다시 모일게다
지금은 아무리 모여봐도 일곱밖에는 않되는구나

슬픔 많은 장함이다 가신이여 그대들은 그 나라와 의를 구했도다

- 중도일보(1960.4.28)

* 필자는 당시 단국대학교 법학과 재학중이었음

앞서 가신 그대들에게

신현정

그대들이 흘린 선혈
아!
아릿다워라
그대들이 살든 뒤ㅅ동산엔
벌써 아릿다운 꽃망울 맺어
피어날 그날이 멀지 않으리

고요히 가슴에 손을 언저
앞서 가신 선열에 명복을 기도하며
피어날 꽃망울에 김을 매리라

아!
앞서 간 그대들이여
한국을 위해 인류를 위해
그대들이 흘린 피를 이어 받들어
청사에 길이 빛날 꽃을 피우리라

- 대전일보(1960.4.30)

묵은 것의 잿더미 위에
다시 태양은 쏟는다

- 영원의 감격, 4월 26일

이주홍

보았는가
거리의 그 노도를

들었는가
천지를 뒤흔들던 그 아우성을
더럽혀진 강토의 얼룩을 씻고자
다함께 피 뿌리고 떨어진 봉오리
4·19 꽃봉오리들이 열매지어 주고 간
저 4월 26일의 황홀

가진거라곤
어진 맘씨 밖에 없었던 백성들이
참으로 잘도 참아왔었다
열두해! 일백마흔달!
그 숨통 막히던 괴로운 날을
순한 양같이 소같이
잘도 참아 왔었다.

그러나 어찌 시절이 매양 요사한 주문에서만 어리울
것이냐

봄이 싹으로 튀는 날이 있었다.
푸른 물감 속에 스스로를 담근질하는 날이 있었다.
보라 얼마나 신기로운 몸짓들이었던가.
대구에서
대전에서
충주에서
수원에서
부산에서
마산에서
광주에서
진해에서
진주에서
전주에서
청주에서
목포에서
이리에서
인천에서
군산에서
서울에서

마침내
요원의 불길은
이 날 4월 26일이 오라 타종을 했었던 것이다.

학생!
찬란한 이름의 학생!

기름마저 날라버린 박토(薄土)위에서 잘도 자랐어라
모종들!
그대들이 가는 곳에
부정은 겁을 먹어「바리케이드」를 쳤었고
그대들이 외치는 곳에
권력이 부끄럼을 잊고 총을 흩뿌렸다.

그러나 난공불락의 아성이
어쩌면 그리도 무력한 것이었으며
한바탕의 영화가
정말 은목술(隱目術)같이도 허무한 것이었구나.

「세인트 · 헬레나」에
비가 묻어 오면
양장도 호피도
끝내는 외로운 꿈을
달래어 주지는 못하는 법
추풍낙엽!
너무나도 거짓말 같은
인생의 속절없음이어라.

형제여
이제는 모두가 어지러운 꿈으로 돌아갔다.
독재도
위갈(威喝)도
모든 무고(誣告)와

모든 참소도
감초처럼 흔하게 써먹던
「오열혐의」(五列嫌疑)나 「불순분자개입」의 「레텔」들
도 함께
모두가 얼굴을 가리고 쉬어 버렸다.

누가 법이냐?
하필이면 이 날을 기해서
「경향신문」과 「국가파괴의 데모선동자」들이
우스개말 같이 싱겁도록 풀려나왔구나 법은?
저 우레처럼 끓어 오르던 민중의 소리가
바로 법이었던 것이다.

같이 보지 않았던가
백설처럼 거리에 나부끼던
그 음울한 문서쪽들은
들리지 않던가
폭죽같이 튀던
그 검은 연기 속의 것들은
살찐 기름덩어리는 오소소 오한(惡寒)에 떨고
가만히 지도를 펴어
손가락으로「홍콩」도 찾아보고

동포여
이제는 모두를 사납던 옛애기로 돌려 보내자.
묵은 것의 잿더미 위에

다시 나래를 펴고 떠오르는 태양!
내쏘는 햇살에
날개밑이 가려워
참새들이 째재거리는데
고동쳐 오는 지맥에
만물은 다시 숨죽여 박자를 헤아리기 시작한다.
천추에 길이 목숨 할
너 좋은 이름들 학생!
눈을 감어라.
우리 겨레의
민망한 독경(讀經)소리 들으며
길이길이 우리의 옆에 있으라.
이제는 두 번째 정토 위에 지초(地礎)를 놓는
우리의 공화국 민주대한

아버지도
어머니도
동생도
누이도
군인도
학생도 공무원도
박물장사 할머니도
민주반역자만은 제해 두고서
우리 두 번 다시는
고된 머슴살이를 하지 않기 위해서
모두 정성 모아 땅을 고루자.

기둥을 깍자.

돌을 나르자.

새 자유와

새 평화의 싹을 위해 퍼붓는 저 눈부신 지성의 햇빛 받으며

이제는 맹세코 우리 같이

미움 없는 세월 속에서 살아 보도록 하자.

- 부산일보 (1960. 5. 1)

- 『너는 보았는가 뿌린 핏방울을』(3·15의거기념사업회편:2001. 9. 9)

· **이주홍(李周洪 : 1906 - 1987)**

경남 합천 출신. 《신소년》에 동화(1925), 조선일보 신춘문예에 단편 「사랑과 가난」이 입선되어 문단데뷔(1929). 부산수산대학교 교수 역임. 제1회 부산시문화상(1958). 제1회 경남문화상(1962)수상.

단편집 『후라이대감의 모험』(1956),장편소설『탈선춘향전』(1953)『서유기』(1996) 수필집 『예술과 인생』(1957)외 다수.

총성이 울리던 날

임효빈

구름낀 캄캄한 밤도
한줄기 피빛 소낙비도
다시 돋아오른 붉은 해도
파아란 동에서 떴다
역사를 디디고 서서

이제 눈을 감고
검은 옷 속에 쌓여
고이 잠든 그들은
비록
조그만 운동화속에 한방울 피가
무뚝뚝한 군화속의 끓는 피보다
차라리 가치가 있고
그- 모습 어엿하다
장하다

역사 속에는 허식이 없으며
누구의 원망 슬픔도 없이
그대로 곧게 살아왔다
총성이 울던 4·19에서

그 한페이지 그림을 그리고
역역히 파랗게 젊어 지리라

그날의 명랑한 웃음 핀 입가에
오르고
나려온 지난날의 파도같은 어둠들
이제는 어디로 갔나

- 대전일보(1960.5.1)
- 당시 필자는 대전사범학교 3학년이었음

조국에

강훈구

자유와 평화
그것은 민주공화국의 깃발
가난한 가슴들이
목숨처럼
아껴온 조국이었다

여기
하늘을 바라며
내일을 꿈꾸는
그리움들이
노여워 거리로 쏟아져 나왔구나
불의에 간사하지 않고
사악에 비굴치 않고
진리를 생명처럼
사랑하는
사랑하는 그대들
조국의 이름으로 자랑스런 보배
그대들 꽃봉우리들이
거리로 거리로 노여워 쏟아져 나왔구나

아아 - 四월 十九일

슬픔으로 넘치는 눈과 눈물
피맺도록 그대들이
부르는 소리는
하늘로 향한 것인가 …
가슴과 가슴으로 이렇게 번져
겨웁도록 밀려옴은
자유와 평화
조국에의 경건한 기원

아아 - 四월 十九일

눈먼 총탄이
눈먼 총탄이
하늘과 땅을
피로 적시는구나
구멍 뚤린채
그대들이 부르는 노래는
깃발처럼 펄럭이며
통곡하는구나
그대들 어린 가슴이 통곡하는구나

아아 - 四월 十九일

조국의 역사는 피눈물로

사랑스런 가슴 그대들이
점찍고 가는구나

산과 들 그리고 이 거리와 골목에
어둠은 가시고
태양이 눈부실 때
역사는 증언하리라

자유와 평화
그것은 그대들의 것
민주공화국의 꿈

[조국은 그대들 가슴에
다시는 슬프지 않으리라]

- 대전일보(1960.5.3)

· **강훈구(姜薰求)**

충남 강경 출생. 강경상고, 동국대 졸업. 1950년대 말 호서문학회에서 활동하였으며 한 때 교편생활을 함.(구상회 시인 증언)

살아야 할 우리는

- 총뿌리 앞에 몽오리로 부서진 의로운 영전에

정연우(鄭然佑)

네가 있기에
우리 모두는 살았나니
네가 있기에
우리 모두는 죽지 않았나니

장하다
장하다고만 하랴
민족의 얼들
네 혈관에서 우리 혈관으로
소용돌이쳐 흘러드는
심장의 고동을
흐르는 피를
이 숨소리를
장하다고만 하랴!

죽어도 살아있는
네 하얀 몸뚱이와 영혼을
이젠 –
편히 쉬거라
우리 모두의 가슴에 심장에

숨결속에 쉬거라

우리는 참았나니
얼마나 더 참아야 했을까
오- 아들들

차라리 사나운 총뿌리에 가슴을 헤쳐
옥같이 부서진
눈물의 아들들
나라의 씨앗이여!
몸부림쳐 부르짖으며
외치며 피흘렸네
피를 뿌렸네
피다 만 꽃봉오리로
악다구니에 내맡겼네
피어났어야만 할 봉오리로-

차라리 총알은 무심코나
가슴을 뚫은 총알이 무심타하랴

그러나 살아있는 아들아
무덤을 파거라 우리 모두의 가슴에
그리하여 무치거라

무쳐있다가

대순되어 올라오면되지
청정하게 되살면되지(4월 28일)

- 중도일보(1960.5.5)

그날이 지나간 뒤

- 잠든 벗 앞에서

황창성(黃昌星)

어두움이
온 천지를 뒤덮는 날
우리에겐 웃음과 기쁨을 잊은 날이 있었오

억압과 탄압이
내 같은 민족끼리의
자유를 구속할 때
진정 우리에게도 슬픔과 고통을 느낄 때가 있었오

아니
태양 가리운 이 나라 역사의 뒤안길에
그보다 더한 불의의 피를 뿌리려 할 땐
아아 - 그것은
참아 눈을 뜨고 볼 광경이 아니였습니다

어떻게 해서 찾은 내 조국이며
어떻게 해서 키운 내 민족임을 알면서도
그들은
국민을 위한다고 기만의 장막을 드리우고
선열들을 받든다고 노한 눈길을 가리웠소

그럴 때마다
분노를 숨긴 서로의 안색을 마주보며 안으로 안으로만 모아온
그 비통한 마음과 마음들…

마침내
기다리는 우리의 날은 왔소
역사는 이 이상 더 큰 불의를 서글픈 자책에 물들이려 하지 않았으니
"그날"은 우리 민족 전부의 날이 온 것이었오

… 四 · 一九 …

하늘도 웃음을 잃은 자세로 주시한 하루
노을이 타다 지친 이 나라 방방곡곡에 반항과 분노에 목찌이든
피의 봉화가 피여 올랐노니

그날!
흥분된 손길을 부여잡고
노도처럼 밀려든 수십만군중의 광장위에
무서운 비극은 벌어졌던 것이요

총성이 계속될 때마다
우리의 젊은 꽃송이들은
진정 그 피지못한 청춘을 무색하며

하나 또 하나
빛을 잃은 유성(流星)이 되어 살아져 갔었오

이젠
아무것도 바랄 것 없는
구국을 위하여 죽어간 내 벗들의 영혼 앞에서
하늘보다 더 넓은 노도의 염(念)을 올리고 뜨거운 눈물을 거두는 것이오

…(그대들이 뿌린 정의의 피는 결코 이 땅 위에 참된 민주주의의 씨를 키울 것이오. 뒷날 당신들의 후손들이 길이 가꾸어 하나의 열매를 바쳐드리리리라…)

광명이
온 천지를 비추든 날
우리에겐 웃음과 기쁨을 맛볼 날이 있었오
"그날"이 지난 뒤
우리에겐 진정 웃음과 기쁨을 느낄 때가 있었오

- 대전일보(1960. 5. 7)

獄壁記(3)

- 나는 군중속에 생동하는 아침속에 있고 싶다 (파스테르나크)

임구빈

무어라고 욕을 퍼부어야할건가
하늘이 저렇게 넓고 둥근 뜻을…

저 우람스런 흔들림이며
기폭이며
마알갛게 소살거리는
입안의 굵은 목소리들이며

스스로 이야기 할 수있는
긴 머리채의 푸른 은하의 물결도
그런대로 목쉰 안간힘이
노여워 소리 소리
저토록 구비쳐 흐느낌은
어느 울먹한 분화구에서의 분노
보다 더욱 미미로운 원자(元子)로
영원을 탐욕하여
무수한 공간마다 색실처럼 느려논 손짓

이 떨어지는 상열(喪列)의 뒤에서
염원으로 후들기는 꽃가마는

피로 그린 자리마다
얼얼이 엮어매어
아슴한 가슴팍에 후들기는 입술이려니
나비의 여울에다
내 노래를 띄어 보내고 싶은 심경인데

자꾸만 내 고독이 회색(灰色) 되어가단
무료히 멈추는 강물
그 강물
그러다 나는 주먹질해야 할 것인가

- 중도일보(1960.5.7)

계급 없는 사회

- 4·19사태를 회상코

崔BH

형제여 자매여
모두 눈감고 귀막고 살자
눈뜨고는 못살 세상
다 뜨고는 못살 세상
이웃이여 동포여 모두 눈감고 귀막고 살자
눈감고 귀막고는 거짓도 모르고 눈감고 귀막고는 도와야만 산다
서로 돕고 부축하고 다정하고 이해하고 아름답고
차라리 귀먹어리 장님들이 의좋게 산다야
귀먹어리 장님이 대통령도 되고 귀먹어리 장님이 선생님도 되고
귀ㅅ속말이 없어도 일은 잘되고 내것은 내것대로 바꾸지 않고
피아노는 명랑히 노래를 치고 올빼미의 눈동자는 밤에 안멀고
부랑자를 달래서 앞장세우고 벙어리를 만들어세우지 않고
못보고 안들으면 메스껍지 않고 못보고 안들으면 토하지 않는다

형제여 자매여 눈찌르고 피뿜으며 일어나지 않겠느냐?
이웃이여 동포여 귀청을 찢으면서 가르치질 않겠느냐

대전일보(1960.5.9)
필자 : 삼거리문학동인

悲憤 痛快의 四月이여 안녕!

李桃嶺

四月-死越
죽엄으로 넘어진 四月의 고개
저물어가는 四月의 황혼 위에
귀를 기우려 나는 듣노라
민주승리의 우렁찬 개가를
관권몰락의 구슬픈 장송곡을
그리고 또다시 머리 숙여 듣노라
「우리의 뒤를 따르라」
「우리들의 흘린 피를 헛되게하지 말라」
목매여 외치는 어린 순국자들의 부르짖음을!
그대들은 도대체
누구를 위하여 피를 흘렸던가?
× × ×
그네들에게는 아무것도 없었다
혁명에는 절대조건인 지도(指導)도 없었다
권력의 배경도 금력의 뒷받침도
무기도 성벽도 아무것도 없었다
지지자도 후원자도 없었다
고립무원(孤立無援)의 무장출졸(無將出卒)들
단지 있는것

몇마디의 구호 두 개의 맨주먹
만신열화(滿身熱火)로 거리에 쏟아졌다
하나가 열이 되고 열이 백이 되고
산악처럼 뭉치고 강철인냥 굳어졌다
× × ×
무자비한 총탄을 팽개치고
어린 생명들 피흘려 쓰러지며
쓰러진 시체를 넘고넘어 돌진했다
눈뜨고 볼 수없는 애처러운 혈투
맨주먹과 총탄의 처참한 대결
그러나 보라
정의는 이겼다
굳센 주먹 앞에 총탄은 굴복하고
우렁찬 구호소리에 포성은 침묵했다
아- 그래서 마침내
일당독재의 아성은 무너지고
간흉괴독(奸凶怪毒)의 복마전(伏魔殿)은 쓰러졌다
× × ×
하늘 아래 둘도 없는 세기적 혁명
청사에 찬란한 구국의 위업
「용감하였다」
「위대하였다」고
우리는 그러한 값싼 찬사는 보내지 않으련다
무능한 시민들이여
이 값비싼 피의 대가를 무엇으로 치룬건가

구국의 훈장으로
승리의 월계관으로
만방의 갈채로
그네들은 이것만으로 만족치 않으리라
그네들은 명령한다
이북의 강토를 찾으라
이북의 동포를 구하라
그리고 민주이상의 찬란한 역사를 건설하라고

× × ×

가슴 아픈 四月 그리고
가슴이 시원한 四月이여 안녕!

- 중도일보(1960.5.9)

젊은 화산 외2

주문식(朱文植)

자유와 조국의 영광을 위하여
총부리 앞에 마주 섰다
쌓이고 쌓인 울분들이 거리로 쏟아져 나와
젊은 피는 화산처럼 솟구쳤고

거리
노도의 창조가 불의의 아성에 여울져

겹친
정의의 짙은 메아리는
구렁텅이에서 솟구쳐
여기 밝은 태양 아래 미소를 흘렸다

집권의 불락성(不落城)에서는
마구
총을 쏘며
애르바룬처럼 허공에 뜨고
- 누가 민주주의를 겨누느냐
- 누가 조국의 영광에 총을 쏘느냐

피를 쏟으며 포개어진 젊음은
더럽혀진 손으로 피와 조국을 앗으려는 반역과

밤과 낮은
눈엔 광명을 미래하며
행렬은 이었다

- 민주주의의 도살자는 물러가라
- 조국의 불꽃을 짓밟는 자도

젊은 화산이 분화하는
거리 붉게 지는 어린 낙화들

젊은 조국의 증언은
짙으게 뿌린 피를 번지고

가며 닥아온 제2공화국은
진달래꽃 피는 의미를 추구한다

- 대전일보(1960.5.12)

부정(否定)받은 계층(階層)에서

비 바람
그리고
서리에
역사의 진부(陳腐)를 되씹으며
뒤ㅅ거름 치고

강산이 푸른 것은
조상이 남긴 유업이었으나

오늘도 내일도
방관하는 비굴이다

- 불꽃이 뛴다 저기 요원의 미래가 붉게 타오르는 여명의 촉광이 우리를 부르고 있다 -

호수는 고기압의 위치에 흔들리고
음곡(音曲)을 잃은 하-모니

너도 그렇고
나도 그렇지 않다만은

지휘봉이 가락을 잃고 물구나무를 서도
주권은 땅속으로만 기어들어 갔다

지배받은 기억만이
눈·코·입을 가리었고

낡아빠진 30代 40代-는
젊은 몸부림을 보았는가
붉게 피어나는
꽃을

비굴을 참은
부정(否定)된 계층(階層)이 어쩐지 설레인다

- 대전일보(1960.5.20)

푸른 화원(花園)

바람이 지나간 다음
황량한 광야에서
꽃이 다투어 피기 시자하였다

녹음 방초ㅅ길 진한 푸르름속에
삶의 빠저린 기억들을 탈피하고
어루만지는 훈풍은 내일을 위함인가

사랑으로 맺어진 조국의 숨결을 더듬어
정적속의 나는
거센 맥박을 또한 더듬고

할딱이는 피의 회로에는
아직도
연민의 참회가 몸부림치며
푸르게 짙은 生理로 꾀하고 있다.

아름다웁게 지니고 있는 사랑하는 사람과
분수같이 뿜어내는 의욕

황량한 대지 위에
꽃은 피고
푸른 화원엔 보람있는 희열이 물결쳐온다

- 대전일보(1960.5.30)

유적(流謫)의 장(章)

김용우

"나도 자랑스런 때가
있었고
남을 사랑하고
사랑받던 때가
있었습니다
아니
내가 사랑하는 사람들은
나처럼 나를
사랑하여 주리라고 믿었습니다"

시청옆
페에브위를 거닐던
소담한 푸라타나스잎처럼
푸근하고 외로와
내가 그렇게도 자주
불러세우던
순아
네가
나를 싫어한다는 것은
배리가 아니겠는가?

사랑한다는 것과
미워한다는 것과
이 괴리된 역설이
매섭지 못한 나에게 있을 것 같은가?
오늘밤
밤이 깊으면
어느 조용한 거리에선가
술집에서
너를 사랑하면서
울어 보련다

五月이 오면
하늘 그리운
네 나이또래의
순수가
후르타즈의 저주를
담는다는 것은
내 마지막 감정의 G선을
끊어 버리는 것이다

남들은
그 귀한 생명을
나라를 위해
거리에 뿌려 버렸는데
순아
나와 너는

한날
인정의 삼차(參差)에서
미워해야 하는가?

푸라타나스는
언제나 그리운 여운처럼
다정한 것이기에
나는
오늘도
페에브위에 서서
그 전의 너를
부른다

- 대전일보(1960.5.17)

· 김용우(金容盱)

1932년 충남 연기 출생. 대전고등학교 졸업. 호서문학에 「정신위기와 문화적 굴절」(1959)이란 평론작품을 발표하면서 문단활동 시작함. 호서문학, 백수문학, 한국현대시협, 한국자유시협, 한국문인협회 회원. 천안 병천고 등 교직생활. 시집 『여수』(1974), 『호서시선』(1974)등 다수.

개나리 꽃 지던 날

김신자

노오란 개나리의 네 꽃잎이
불어오는 미풍에 한 잎 두 잎 날린다.

노오란 꽃잎이 바람 속에 떨어지 듯
귀한 생명 앞에는 총검이 소용돌이치고
피지 못한 봉오리는 소용돌이 속에 묻혀 버렸다.

피어나는 꽃이라면
돌아올 해(年)라도 기다릴 수 있으련만.

못다 핀 채 떨어져 간
서글픈 영혼들이여!

파아란 하늘을 우러르던
무수한 눈, 눈동자들.

그들의 눈은
싸늘한 파란 빛이라기보담
차라리 기염을 토하는 듯한
태양의 위력 그것이었다.

바람은 꽃을 앗아가 버렸고
총검의 소용돌이는
피지 못한 꽃봉오리에 무서리를 내렸다.

외치며 용감히 나아가던 영혼들은
네 머리 내 머리 위에 있을지니

파아란 하늘을 우러르던
눈망울들을 찾아
오늘도 조용히 안아 보고 싶다.

- 『피어린 4월의 證言』(이상로편 · 1960. 6. 10)

· **김신자**

재미교포. 사회사업가. 이 시를 쓴 1960년 4·19 당시 필자는 대전호수돈여고 2학년생이었음(35회 졸업).

빈 의자(椅子)

정한모

그날 밤
너를 기다리던
저녁 밥상이
어머니의 가슴에서
언제까지나
식지않는 눈물이듯

"내일 다시 뵙겠습니다"
책가방을 끼고
계단을 내려간
마지막
네 인사

오늘도 너는
빈 椅子위에
착한 그의 눈짓으로
돌아와 앉는다

- 『학생혁명시집』(신동엽편.1960. 7. 10)
- 국립 4.19묘지 시비
- 『너는 보았는가 뿌린 핏방울을』(3.15의거기념시선집 · 2001. 9. 9.)

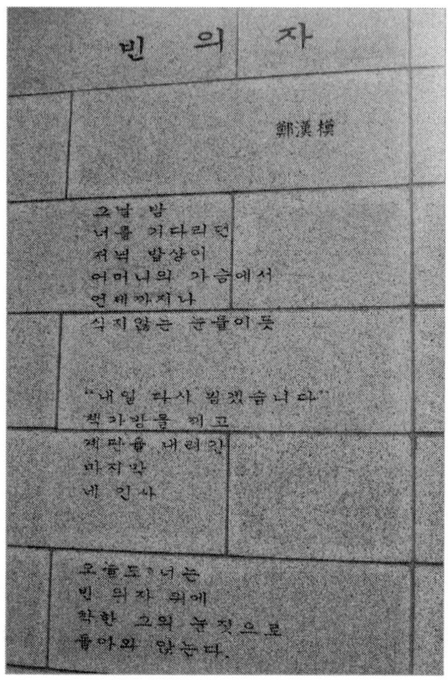

국립 4.19묘지시비 (서울특별시 강북구 수유4동 산9-1)

· 정한모(鄭漢模:1923-1991)

충남 부여 출생. 서울대 국문과 및 동 대학원 졸업. 공주대 강사. 동덕여대, 서울대 교수 역임. 동인지 백맥(白脈)에 작품발표하면서 문단활동시작(1945). 시집 『카오스의 사족』(1958), 『여백을 위한 서정』(1959), 『아가의 방』(1970)등 다수. 한국방송통신대학장. 대한민국예술원회원. 국어국문학회대표이사. 한국문화예술진흥원장. 문화공보부장관 역임.

꽃의 민주주의

송유하

어느 날 창밖으로 한 줌의 빛을 던졌니?
한 줌의 빛이 파라슈트처럼 지상을 향해 쏟아졌니?
가슴 속 파란 칼을 품었어도
한쪽에서 무너지는 견고한 쓰라림
빙폭의 탄압을 견디다 견디다가
아! 소리치며 일어서는 것들
보이지 않고 들리지 않는 신비로운 약속에 의해
일제히 궐기하는 의지 하나로, 너는 꽃이다.
딱딱하게 얼어붙은 가지 끝에서
기지개처럼 피어나는 꿈, 차별 없는 비약이며
하늘에 꽃, 들판에도 꽃, 꽃……
티없는 아이들이 뛰어나와서 노래노래 자지러지는
종로에서, 광화문에서, 온 천지 골짜기에서
햇살보다 먼저 핀 개나리야 진달래야
돌무덤 무덤째 무너져내리는 산비탈 깎아지른 벼랑에서
터질 듯 안으로만 다스려온 사랑을
이제는 못 참겠다.
목이 터지도록 외치면서 지축을 뚫고 나오는 새싹아
눈부시구나, 이 힘찬 행진!

시간을 다오, 누가 나에게 시간을 주겠는가?
생각해봐야겠다, 생각없이 어떻게 알아내겠는가?
절망과 설움, 단단한 폐문위로 쏟아지는 파도야
발밑에서 소곤거리는 찬란한 꽃의 민주주의야
불을 지른다, 꽃은,
개나리 노란 꽃은 천지에 쏟아지는 햇살을 불지르고
진달래 분홍꽃은 첫사랑 수줍은 가슴을 태우고
벚꽃, 목련꽃, 안개꽃들 창호지빛 하얀 창을 밝힌다
파란 꽃은 파란 꿈꾸고 파란 춤추어라
빨간 꽃은 빨간 꿈꾸고 빨간 춤추어라
참는 자, 순종하는 꽃의 아름다운 보람은 무엇인가
꽃피는 4월, 민주주의, 슬기로와라!

- 시집 『꽃의 민주주의』(1993)에서
(최초의 발표지 및 연대 불명)

·송유하(宋油夏)

1944년 대전 출생. 보문고, 동국대 및 동대학원을 졸업하였으며 약년 25세에 《월간문학》으로 등단하였다(1968). 월간 《학원》《대한불교》《주부생활》등을 거쳐 《어깨동무》편집장으로 근무하였으며 1982년 4월 10일 김포들판에서 의문의 주검으로 발견되었다. 유고시집으로 『꽃의 民主主義』(1993)가 있다.

꽃으로 다시 살아

유안진

지금쯤 장년고개 올라섰을 우리 오빠는
꽃잎처럼 깃발처럼 나부끼다 졌습니다만
그 이마의 푸르른 빛 불길같던 눈빛은
4월 새잎으로 눈부신 꽃빛깔로
사랑하던 이 산하 언덕에도 쑥굴헝에도
해마다 꽃으로 다시 살아오십니다
메아리로 메아리로 돌아치던 그 목청도
생생한 바람소리 물소리로 살아오십니다
꽃진 자리에 열매는 열렸어야 했지만
부끄럽게도 아직껏 비어있다하여
해마다 4월이 오면 꽃으로 오십니다
눈 감고 머리숙여 추모하는 오늘
웃음인가요 울음인가요 저 꽃의 모습은
결고운 바람결에도 우리 가슴 울먹여집니다

- 서울대 대학신문(1983. 4. 19.)
- 국립 4·19묘지시비
- 『너는 보았는가 뿌린 핏방울을』(3·15의거기념사업회편 : 2001. 9. 9)

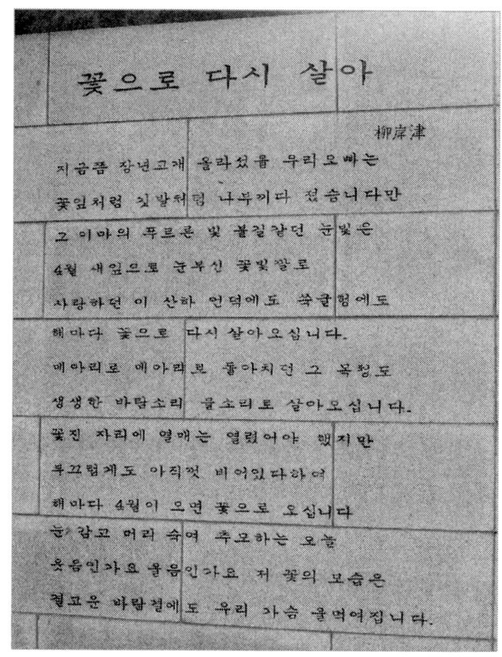

국립 4·19묘지시비 (서울특별시 강북구 수유4동 산9-1)

· 유안진(柳岸津)

1941년 경북 안동 출생.대전여중-호수돈여고-서울대졸업. 《현대문학》을 통해 등단 (1965-67). 첫시집 『달하』(1970)를 비롯하여 『봄비 한 주머니』 『다보탑을 줍다』 『거짓말로 참말하기』등 13권의 신작시집과 『지란지교를 꿈꾸며』등 다수의 산문집이 있다. 정지용문학상·소월문학상특별상·월탄문학상·유심작품상·이형기문학상·한국펜문학상·구상문학상등 수상. 현재 서울대 명예교수

아카시아꽃

홍희표

1960년대 5월에 우리는 데모를 했지요. 1980년대 5월에도 우리 학생들은 데모를 하고 있지요. 1988 고민 바로보고 자발의지 끌어내되, 하려는 맘 묶어내고, 무엇보다 두손잡고 끌어주고 밀어주며…… 우리는 남산(南山) 캠퍼스 3층 도서실에서 단식투쟁을 했지요. 하루가 지나니 목구멍이 마르고, 이틀이 지나니 눈앞에 보이는 아카시아꽃 주저리주저리 흰빵으로만 보이고, 사흘이 지나니 신선(神仙)처럼 몸뚱아리가 푸른 하늘로 하늘로 올라가기만 했지요. 오, 우리의 사랑이여！ 민주여！ 통일이여！ 오늘도 우리 학생들은 단식투쟁 하지요. 하루 이틀 사흘…… 살내음 내뿜으며 아카시아꽃 피는데, 오, 우리의 자유여！민주여！통일이여！서로믿고 믿음주어 우리모두 믿게함이, 당연시급 이뤄야할 너나없는 공약(公約)이라, 아둔소박 비나이다 비나이다……

- 출전 : 『모두모두꽃』(1988.12.12.전예원)

· 홍희표(洪禧杓)

1946년 대전출생. 동국대-인하대대학원수학(문학박사), 《현대문학》으로 문단데뷔(1967). 대전시문화상(1991), 동국문학상(1997), 엘트웰펜문학상(2010), 시화시학작품상(2010)등 수상. 시집 『魚群의 지름길』(1968), 『숙취』(1973), 『마음은 구겨지고』(1978), 『한 방울 물에도』(1982), 『하이터치 그리움』(2009)외 다수. 현재 목원대학교 교수.

눈 내리는 자유의 길
-4·19 명상록

권인주

까만 역사의 함정이나 지옥 속에 갇혀 있다가 일어섰다.

눈은 내리고, 여기 내 사랑하는 조국 산하에 내리고
미치도록 부풀어있는 산하의 꿈을 이룩하려면
까맣고 지겹기만한 골목길을 벗어나야 한다
가슴 깊이 스며드는 함박눈 건너
봄바람으로 채워져서 와야 한다
떨리는 눈썹 밑으로 살며시 내려앉는 순이의 향기
어디서인지 사과 냄새가 하얀 구름처럼 뭉클거렸다
창백한 두 뺨에서 붉은 빛을 기다리는 향그런 입술
기다리는 네가 거기 있었고
서로의 분신인 양 거울 앞에 서 있었다.
누군가 마중 가는 모습이었다

길모퉁이를 돌며
슬쩍 잡은 하얀 손이 유난히 따뜻하고
땅에 부딪히는 일이 거듭 될수록 쌓아져서
차갑지만 골목길을 밝히려 했다.
살아가는 고난과 어려움을 누가 풀어주나
속고 속이는 우리 서로의 까만 악령의 골목과 철창

기찻길 으슥한 침목 밑에서
찬바람 돌리며 지나가는 디젤 기관차 바퀴에서
선(善)을 의지하고 사는 길은 역겨웠었다.
마침내 갈 데까지 가고 말은 철길, 위에서
철길은 하늘로 사라지고
따뜻한 손길과 진득한 입술이 포개진 한겨울의 함박눈
하얀 등불이 밝혀졌다.
너울거리는 네 옷깃은 비둘기
출렁이는 네 머리카락은 저 하늘에서 달려오고
하얀 양떼들이 몰려오는 평화의 산등성이를 펼치고
하얀 입김 풍기는 길

분홍색 짙은 포도주 잔을 들여다보면서
신부야, 네 입술에는 꿀이 흐르고
그 혀 아래에는 진실의 샘이 깊구나.
장벽 너머에 스며드는 달빛 노래와
우리의 소중한 약속을 되새겨보는 살내음 맡으며
포도주 한 잔에 용기를 얻고 야, 소리치고는
온통 미더웁기에 높은 소리의 깃발을 휘날리고는
모두의 젊은 함성소리 들리는 대학로와 시장길 위에서
단 하나밖에 없는 참의 밝음이 철창 속에서 암흑을 토해내는 것이었다.
높은데선 전연 모르거나 철장 속에 넣었던 당신
낮은데서 느낄 수 있는 따뜻한 자유의 눈물이
눈에서, 팔뚝에서 머리에서 다리에서
온 몸에서 흐르고 있다.

내년부터라고 미룰 수 없다
여기서부터 어두운 골목길을 벗어나는 길
따뜻한 우리의 체온이 기다리거나 열리고 있다
눈아 날려라, 눈아 퍼부어라
여기 눈내리는 자유의 길이 환히 열리고 있다.

- 《시도(詩圖)》 1989 봄호

· **권인주(權仁周)**

1945년 대전 출생. 공주 금성여고에서 정년. 《시심문학》회장(역). 《시와의식》신인상으로 등단(1990). 시집 『달이 내려준 노래』(1988), 『청림골 풍경』(2008), 『초원의 노래』(2008), 수필집 『소꿉질 환상』(2004), 장편소설집 『동트는시대』(2004)등이 있다.

민주탑 앞에서

- 故 고병래 형님을 추모하며

신익현

총탄이 빗발 치는 행렬 맨 앞자리에서
외치셨습니다
구속과 속박에서 벗어나 자유와 민주의
꽃을 피우기 위해
형님은 날아오는 총알을 받아 내셨습니다

누구보다도 열렬하시고 뜨거운 열정에
불꽃처럼 타오르시던 꽃다운 젊음을
붉은 피로 아스팔트를 물들이며
쓰러지셨습니다

민주의 제단에 바치신 형님의
고매하신 뜻
청사에 영원하리라 굳게 믿습니다

1960년 4월 19일
하늘나라로 떠나가신, 보고 싶은
사랑하는 형님!

전국 방방곡곡에서 휘날리던 깃발

그 빛나는 깃발 아래
영원히 잠드신 형님!

형님이 남기고 가신 향그러운 꽃은
민주와 자유의 정원에 싱그럽고
화사하게 피어나 활짝 웃음 짓고
있습니다

새 한국의 발전과 도약의
밑거름이 되어주신 형님!
금산 골 남산 중턱에 우뚝 선
민주탑에 새겨진 형님의 이름 세 글자

밝아오는 동편 하늘 아래 눈부신
태양빛에 더욱 더 선명하게
빛을 발하고 있습니다

두 손 모아 존경하는 형님의
명복을 비옵니다

- 《시산문학》(1999.2)

· 신익현

1942년 충남 금산 출생. 성균관대 국문과 졸업. 대전충남중등 교사 40여년 봉직. 《시산문학》으로 등단(1999). 시집 『산이 아름다워 산을 노래하노라네』(2001), 『아! 산이 좋아라』(2002), 『산이 산을 본다』(2010) 외 다수. 현재 문원시낭송가협회 회장. 칠산산우회 회장.

꽃보다 더 밝은 민주의 등불 외4

김용재

정의의 핏줄로 생기도 통통하여라
젊음은 시대의 어엿한 주인이었네
1960년 대전의 3월 8일
부정과 부패와 불의와 협잡
누르고 밟고 의연히 일어선
맨주먹 붉은 함성 또 함성
곤봉으로 개머리판으로 잠재울 순 없었네

학원에 자유를 달라
학생을 정치에 이용하지 말라
언론탄압 중지하라
학원에서의 선거운동을 배격한다
관제신문 구독강요 절대 반대
우리의 요구를 억제하지 말라
연행 · 구속학생 이유없이 석방하라

저토록 뜨거운 채찍과
존엄한 민권의 울렁이는 깃발
선봉의 용기 더해 휘날리며
의분의 씨앗들이 일제히

크고 큰 가슴문 활짝 열었네
질곡의 오랜 분화구에
저항의 불꽃 활활 올렸네

그리고 캄캄한 독재의 내장속에
분노의 신선한 피를 뿜어대며
그렇게 올바른 역사의 무게를 세웠네
깨어나는 자유의 푸른 빛
이글거리는 저 진실의 목소리를
참으로 높이 하늘로 키웠네
빌어 영원하여라, 꽃보다 더 밝은 민주의 등불

- 3 · 8민주의거 45주년 기념축시(2005. 3. 8.대전고강당)
- 대전고 동창회보 「大稜」133호 (2005. 4. 30)
- 『3 · 8민주의거』 권두시(2005. 8. 16)
- 『대전사랑시선집』(2009. 8. 15)

우리들 세상의 깨어남을 위하여

- 3·8 민주의거 46주년 기념 송시

1960년, 그 해 3월
우리는 제복을 입은 고등학생 이었습니다
제4대 정·부통령 선거운동으로 더욱 붉어진
부정과 부패, 억압과 폭정,
그렇게도 어지럽고 혼탁한 사회의 공기를 마시며
푸른 하늘로 고개를 내밀고 싶었습니다
그래서, 마침내 교실을 밀치고 나와
끓는 피 울먹이며, 맨손으로 맨손으로
독재정권 타도하는 시위를 감행했습니다
자유와 민주에 대한 확고한 신념이며
숭고한 시민정신이오, 나라 사랑 뜻이라고
우리는 감히 그렇게 생각했습니다
육박전과 유혈사태, 연행과 구속,
그 깊은 상처와 이지러진 아픔을 새기며
정의를 갈망하던 젊음의 사명,
그렇지요, 이제는 역사적 쾌거로 빛나는
3·8, 3·8 민주의거!
자랑스럽게 가꾸어 갈 값진 자긍심으로
생생하게 살아나고 있습니다
살아있는 역사와 말씀을 나누며

역사의 선도적 민주 역량을 다시 새기며
이렇게 우리는 새 봄을 맞이합니다
꽃향기 철철 넘치는
3·8의 도시, 3·8의 동산에서 솟아나던
격동의 함성
어디쯤 울려오고 있는가
싱싱한 그 소리를 찾아
우리는 오늘 이렇게 모였습니다
모여서 민주의 만세를 외칩니다
우리들 세상의 깨어남을 위하여.

- 2006. 3·8. 오전 10시30분 대전고 강당·낭독시

4월은 정녕 민주의 달

- 4·19혁명 46주년 기념일에

마디마디 저려오던 젊음의 분노가
겨레의 넋으로 지축을 흔들었다
썩은 권력과 싸우던 신성한 피가
근역(槿域)의 참꽃으로 피었다
눌리고 터지고 잘리던 이름은
부활의 영혼으로 깨어났다
4월은 정녕 민주의 달
부정은 민의(民意)를 허물지 못하고
억압은 자유를 짓밟지 못하고
총검은 주권을 가두지 못하고
우리의 산하(山河), 우리의 조국에
선봉의 태양이 밝았다
기적(汽笛)의 생명이 커났다
봄은 봄으로 합창을 했다
쓰리고 아픈 핏자국을 더듬으며
흉탄의 앙상한 흔적을 어루만지며
시뻘건 불법과 무법과
남루한 부귀영화
그 더러운 위선과 기만과 횡포
쓰러지고 사라지고 씻기어가던 것

더욱, 기억하고 새기며
지금 다시 4월의 손을 잡는다
4월의 오랜 형제임을
소리소리 뼈에 묻는다.

- 대전일보(2006.4.18)
- 제46주년 4·19혁명기념행사
(2006.4.19 : 대전광역시청 대강당)낭독시.

지금도 나는 그 4월에 살리라

- 4·19혁명 50주년에

꿈인 듯 살아나는 저 푸른 기억의 꼭대기에서
그 날의 피멍든 함성 다시 울린다
화산의 불길 그 용솟음처럼
지축을 흔들던 젊음의 뒤안길에서
민주의 횃불 다시 하늘 오른다
슬픔과 고통과 분노와 처절,
마침내 쓰러진 내 친구 내 형제 내 자매
사랑하는 영혼들, 우리 조국 우리들의 나라에서
참 향기로운 꽃으로 가득 피어난다
1960년 2월 28일, 대구에서
3월 8일, 대전에서
3월 15일, 마산에서
4월 18일, 서울에서
4월 19일, 그렇지, 대한민국 방방곡곡에서
인종(忍從)을 넘어 굴욕을 밟고
봄이 없어 애태우며 봄을 찾던
오히려 무서운 용기와 피눈물을 섞어서
자유와 정의와 진리의 붓 곧게 세운 뜻
회상하리라, 불러 깨우리라
이제는 그 피묻은 절규 새겨 있는가

가슴 한 번 열어보리라
민주의 광채 곱게 빛나는가
마음 하나 펼쳐보리라
초록빛 자유는 꽃물로 물드는가
우러러 조국 산천 달려나 보리라
평화의 고동은 함께 울리던가
겨레의 심장 들어가 보리라
그래서 다시, 그리움 그토록 불태워 꽃핀
자유와 평화를 노래하리라
그래서 다시, 피를 토하며 허공에 꽂은
민주와 정의의 깃발 날려보리라
그래서 다시, 온 몸으로 일어나 역사를 응시하는
저 증언의 새벽 새겨 보리라
다시 태어나고 또 태어난다 해도
민주와 정의의 자손으로 오래 살리라
자유와 평화의 기수로 오래 빛나리라
잔인한 총알이나, 헛된 권력의 구둣발 앞에라도
결코 절망하지 않으리라
현란한 광명을 흔들고 또 흔들리라
세상의 더 많은 사람들과 더불어
지금도 나는 그 4월에 살리라
지금도 나는 그 4월에 머물리라.

- 대전일보(2010. 4. 19. 월. 20면)
- 《문학시대》제24호(2010. 7. 15)

민주의 눈부심을 위하여

- 3·8민주의거 50주년에

저 검붉은 불덩이로 치솟은
절규 또 사무친 절규,
음모의 세월을 꽉 깨물고
질끈 남루한 권력의 목을 조였네
그 날 태풍의 눈이던 3월 8일
더 빛나던 피묻은 광채
우러러 꽉 손잡고
새로 찾은 정의여, 자유여
민주의 눈부심을 위하여
다시, 우리 가슴마다 일렁이는
선구의 날개로 나부껴라
혼신의 깃발로 펄럭여라

- 한모 2010 제 60호 (2011.2)

· 김용재(金容材)

1944년 대전 출생. 대전고 - 충남대 - 충남대대학원수학(문학박사).
월간 《시문학》을 통해 문단데뷔(1974-75). 대전대 교수·교무처장·문과대학장·대학원장(역). 한국문협대전지회장·호서문학회장(역).
시집 『겨울산책』(76)외 10권, 영역시집 『Even Being Pressed by Wheels Sunbeams Never Die』외 3권. 대전시문화상(94), 한국현대시인상(2003), 국제계관시인상(2004)등 수상. 현재 UPLI한국회장, 대전문인총연합회 회장

4월의 거리에 서면

노태웅

벗이여
체념의 행렬 깨우던
이 거리에 4월이 오거든
마음에서 멀어진 그날의 함성
우리 모두의 바램
다시 한 번 기억해다오

창밖 향나무 당신을 위해
몸을 태워 향기 날릴 때
항거했던 아픈 가슴
영원한 울림
그날을 기억해다오
벗이여
웃음으로 가득한 이 거리
다시 4월이 오거든
그때 많은 꿈 묻어둔 거리를 거닐며
어제의 함성에, 귀 기울여다오
4월의 거리에 서면.

- 《옥로문학》제18집(2006.10)

· 노태웅(盧泰雄) : 1941년 대전 출생. 충남대 졸업. 공무원 정년. 《우리문학》으로 등단(1996). 시집 『너는 모를거야』(2007)외 공동시집 다수.

4월의 향기

윤충원

내 영혼 정결하게
씻어주는 봄비로 내리는
당신의 뜨락
4월의 라일락 꽃향기
젊은이들의 함성 민주의 꽃향기
너무나도 진한 당신의 향내음
하나밖에 없는 우리의 삶의 터전
어느 사이 물감 번지듯 연초록
새 생명의 빛깔로 채워지고
소리 없이 내리는 봄비
솜털같이 부드러운 햇볕
안개처럼 내려앉는 밤의 고요
초롱초롱 별들의 속삭임
평화로운 아침 영롱한 이슬
귓가에 머무는 생명의 찬가들
이 모든 세계 우리들의 천국인 것을
당신의 향기 속에
싱싱한 젊음으로 왔다가
펴보지 못하고 떨어져 간
4·19의 꽃봉오리들...

피맺힌 절규로 메아리쳐
이 봄, 연초록 생명으로 다시 나는
당신의 뜨락
라일락 꽃향기 짙게 풍기는
4월의 향연 4월의 함성
폐부까지 스며드는 4월의 향기
가슴에 묻고 떨어져 가버린
하나밖에 없는 고귀한 생명들
꽃향기보다 더 짙은 사랑
민주 평화의 향기로
당신의 품안에 가득 피어라

- 윤충원 시집 『풀꽃의 노래』(2008.10)

· 윤충원(尹忠遠)

1938년 충남 청양 출생. 대전일보 사회부장. 중도일보 논설위원역임. 《문예운동》으로 등단(1999). 저서 『하늘은 지는 자를 이기게 하고』(1997), 시집『풀꽃의 노래』(2008). 현재 국제펜클럽한국본부 회원.

삼월정신은 사월에 꽃으로 피어 외1

김명아

대한민국의 봄은
3월 1일 만세소리로 열어왔다.

올해도 봄은
삼천리 방방곡곡
집집마다 펄럭이는
태극기 흔드는 손짓으로 왔다.

기미년 애국 혼은
1960년 3월 8일
민주와 정의의 함성으로
한국의 심장 한밭벌을 흔들었다.

애국충절의 충청 대전 청년학생들
학교에서 튀어나와
거리마다 순결무구한 외침은
민주와 정의, 애국 충성
그들이 짓밟은 것은
부정과 불의, 독재 권력

대전 청년의 외침이

전 국토에 스며들어
대한 학생들의 뭉쳐진 힘이
섬광처럼 빛나
4·19학생혁명으로 터졌으니

대한민국 민주주의
꽃이 되었으며
이 나라 살려낸
전설이 되었다.

아직도 이 땅에는
부정이 있고 부패가 있다.

지금 이 세상에는
이기적 개인이 있을 뿐
대의를 위한
희생과 헌신이 부족하다.

아직도 정치권에는
좌익과 우익의 대결이 있을 뿐
소통과 통합이 없다.

지금도 위정자들은
권위와 명예에 눈이 멀어
부정과 부패를 버리지 못하고
투명사회의 맹인으로 남아있다.

지금은 지금대로
척결해야할 과제가
산재해있어
오늘의 청년들을 혼돈의 늪에
빠지게 하고 있다.

여기
3·8민주항쟁의 주역들이
생생히 살아 세상 주시하고 있음을
왜 모르고 있나?

한국의 봄은
삼월 청년들 끓는 가슴 속
뜨거운 온기로 온다는 것을
왜 모르고 있나?

해마다 삼월 정신은
사월의 꽃으로 피어
세상을 새롭게 바꿔 가리다.

해마다 삼월정신은
사월의 꽃으로 피어
세상을 새롭게 바꿔 가리다.

- 3·8민주의거 49년주년 기념 축시(2009. 3. 8)
- 《문학시대》22호(2009. 7)

삼일공 찬가

- 3 · 10 & 4 · 19, 50주년에

삼일공, 그날 아시는가
육공삼일공, 그날 아시는가
경찰들 깔려 거리마다 방맹이 팔딱이던
정말로 그날 아시는가
신안동 굴다리 뚫고 원동 네거리 꺾어
역전으로 중앙통으로 도청으로
파도치던 분노의 절규
그 주인공들 아시는가
불의에 맞서던 용기
부정에 불지르던 패기
고통을 참아내고 무력을 꺾어내던 혈기
자유를 그리며 민주를 찾던 함성
정의를 그리며 또 민주를 찾던 목숨,
대전상업고등학교 학생들을 아시는가
오늘 다시 내 형님들
핏방울 아롱진 가슴을 새겨
뜨거운 찬가를 드리노니
기억하시라 다시 자랑하시라

모국어의 푯대처럼 당당한

생명의 깃발을 흔들어주시라

- 『50년 - 3·8민주의거』(2010. 12. 25)

· **김명아(金明我)** - 본명 : 김명순(金明淳)

1951년 충남 논산 출생. 공주교대 - 한남대 - 대전대 대학원 수학(문학박사). 《교단문학》을 통해 문단 데뷔(1996).
현재 대전 구봉중 교장, 충남대 대우교수, 《문학시대》주간.

다시 그날에

- 3·8민주의거 50주기에 부쳐

홍순갑

삼월 초하루 비가 내렸습니다
누군가 기다리며, 기다림 끝에 번지는 눈물이듯
그렇지요 이날은 순국선열들이
조국의 독립 위해 몸 바쳐 항거하던
삼일절
그날의 아우성처럼 종일 비가 내렸습니다
엄동이 길었다 한들
봄비 앞에 눈 녹듯 했지요

선열들의 얼이 뼈에서 뼈로 전해진 때문일까요
벌써 반세기 전 1960년 3월 8일
한밭벌에 멈출 수 없는 들불의 함성이 일었습니다
부정과 부패와 탐욕의 독재
이 땅에서 몰아내기 위해
자유와 정의와 국민주권을 지키기 위해
더할 수 없는 인간의 존엄을 위해
젊은이들이 분연히 일어났던 것이지요

누가 시킨 것이 아니오
누구의 지시를 받은 것이 아니오

깨인 정신을 가진 선구자로서
제 스스로 영혼이 밝혀준 빛을 따라
야만스런 폭력의 어두움을 이겨내기 위한 용기와
면면히 이어온 숨결을 지켜야한다는
민족자존의 역사의식이
더불어 살아가야할 이 나라를 위해
한밭벌 젊은 피들이 일으킨 4·19의 선봉
자랑스러워라, 3·8대전민주의거여!

지금은 기억해주는 이 많지 않지만
뜨거운 함성의 날을 다시 맞으며
충청인의 자긍을 한껏 높여준 대전민주의거의 날
이 자리 모여
역사는 순환한다는 진리를 두고
다시는 부정과 불의와 독재를 좌시하지 않겠다는
마음의 서약을 위해
그날 뜨거운 함성을 가슴에 새기려합니다
새롭게 맞이하는, 다시 그날에

- 3·8민주의거 50주년 기념 축시(2010.3.8)
- 《문학시대》24호(2010.7)

· **홍순갑(洪淳甲)**

1949년 충남 연기 출생. 《호서문학》으로 등단(1990). 대전·충남 중등교사(역). 시집 『빛과 그림자에 대한 명상』(1998), 『저 달을 보라』(2001), 『조용히 빛나는 것은 붉다』(2005), 『깊이 들여다보기』(2010)등. 현재 호서문학회 회장.

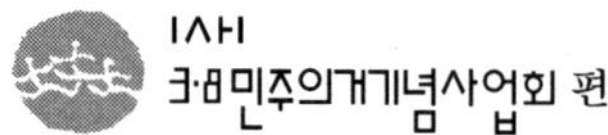
3·8민주의거기념사업회 편

제2부

푸른 들풀로 솟아나라

유세장(공설운동장)가는 길목에서 정·사복 경찰관들에 의해
심한 제지를 받고 있다. (대전고. 1960. 3. 8)

그 날의 별은 빛난다 외1

- 꽃의 민주주의

최원규

역사는 만들어진 것이라 했던가
그 날 뿌린 피는 모두 소낙비처럼 흩어지고 말았지만
그대들의 피는 아직도 별처럼 빛나고 있으니
역사의 그늘에서 동트는 순간에 성난 사자처럼
오랫동안 아주 오랫동안 살아 숨 쉬고 있지
나는 문득 3·8을 생각하며 4·19를 못 잊어
아직도 나이 어린 교복에 시를 잘 쓰는 송영섭을 생각하지
그는 늘 외롭게 오정동 거리에서
구멍 뚫린 갑천 냇가를 거닐며
친구도 없이 호젓하게 시만을 생각하는
어른 같은 소년이었지 그러나 그는 사발을 보며
어머니의 무딘 손가락의 지문을 보고
어둠의 창고에서 올바른 빛을 찾고자
절규하며 행진을 했지
흐린 물이 넘쳐나는 냇물을 바라보며
이내 맑은 물이 흐르도록 곡괭이를 치켜들고
물의 갈래를 스스로 갈라놓고자 하였으니
군중에게 짓밟힌 어머니의 고무신을 찾아
흰빛이 나도록 닦아주고 있었지

모든 이가 흩어져 날이 저물 때까지
홀로 아주 천천히 고개를 숙이고 울고 있었지
그는 그렇게 울다가 꿈을 꾸고
꿈속의 이야기를 시로 썼지
—가슴 속 파란 칼을 품었어도
한쪽에서 무너지는 견고한 쓰라림
빙폭의 탄압을 견디다 견디다가
아! 소리치며 일어서는 것들아
보이지 않고 들리지 않는 신비로운 약속에 의해
일제히 궐기하는 의지 하나로 너는 꽃이다—

그렇지 암 그렇지 그렇지
시는 쓰는 것이 아니라 만들어지는 것이라 했던가.

-《문학시대》제 25호(2010 · 겨울)

* '꽃의 민주주의'. 고 송유하의 절명시집의 제목임

푸른 들풀로 솟아나라

-3·8은 풀뿌리다

푸른 들풀로 솟아나라
아직 먼동이 트기 전, 별도 눈 뜨기 전
자리를 박차고 잠에서 깨어나라
아침 해를 맞아라, 찬란한 아침 해를
억겁의 두께, 땅을 딛고
서로의 어깨를 부여잡고
온 몸의 힘 한 곳에 모여 힘차게
푸른 들풀로 솟아나라

동에서 불어오는 바람 보다
서에서 밀어닥친 파도 보다
남에서 달려온 소낙비 보다
보다 먼저 깨어
번개처럼 천둥처럼 달려와
푸른 들풀로 솟아나라
서로 달리며 한 몸 되어
가슴과 가슴으로 솟아나라

거짓이 거짓을 탓하지 않는 것처럼
부정이 부정을 탓하지 않는 것처럼

잘못이 잘못을 탓하지 않았나니
흙탕물이 범벅이 되어 흐르는 강줄기 속에서도
맑은 햇빛의 푸른 정기는 빛나고 있을지니
거침없는 파도처럼
푸른 들풀로 솟아나라

젊음과 용기가 쇠잔한 기막힌 시절
불어오는 봄바람, 거친 소낙비 속에서
광활한 들판, 푸른 들꽃은 솟아난다
싱그러운 잎새들이 아우성치듯
푸른 들풀로 솟아나라

엉겅퀴나 갈대가 있어도 좋다
씀바귀나 냉이가 있어도 좋다
잔디나 칡넝쿨이 얽혀도 좋다
잎새끼리 넝쿨끼리 뿌리끼리
서로 손잡고 가슴끼리 맞대면 더 좋다
땅개비나 지렁이가 기어 다녀도
왕개미나 여치가 가슴을 후벼도
금빛 햇살과 마주치면 그만이다

질펀히 눌러 앉아
오랜 휴식과 권태로운 게으름도
절망 같은 수치가 머물 때
매몰차게 후려치는 옹골진 소낙비
벽력처럼 쏟아져

푸른 들풀로 솟아나라

아! 깊은 잠에서 깨어나
숱한 계절의 아픈 상처를 씻어 내려
더 든든한 믿음의 나라로 자라는
푸른 들판의 풍요로운 숲
아름다운 꽃 넉넉한 세상의
든든한 푸른 들풀로 솟아나라

- 『50년 - 3·8민주의거』권두시 (2010.12.25)

· **최원규(崔元圭)**

1933년 충남 공주 출생. 충남대 - 충남대 대학원 수학(문학박사). 충남대교수(역). 《자유문학》으로 등단(1962). 충남도문화상(1967)·현대문학상(1976)·한국PEN문학상(1985)·한국현대시인상(1996)등 수상. 시집 『금채적』(1961), 『겨울가곡』(1966), 『순간의 여울』(1971), 『자음송』(1976), 『최원규시전집』(1999)외 다수. 현재 충남대 명예교수

노래여, 바람이여,

- 3·8민주의거 50년, 다시 통일을 기원하며

이규복

민족의 혼이어라
겨레의 얼이어라
우리의 소원, 통일이어라
봄 여름 가을 겨울
철따라 피는 꽃
열매이어라
살아온 지 반만년
역사로 이어내린
반도의 땅
두동강이
삼팔선 설움
어루만지며
3·8의 견고한 함성
민주의 높이로 일으켜 세우며
어디 섰는가
노래여, 바람이여,

어디 우는가

노래여! 바람이여!

- 《문학시대》 25호(2010.겨울)

· 이규복

1928년 충남 논산 출생. 강경상업학교 졸업. 주)아진정공대표이사(역). 산문집 『山水日記』(1992)를 내면서 문단활동. 시집으로 『금강의 여울』(1995), 『지구촌 발길마다 그리움 놓고』(2001), 『한마리 새가되어』(2004), 『소나기 꽁트』(2006), 『감동이 꺼진 사랑방은 그 때 없었네』(2009)등이 있다.

한줄기 빛이었어라

- 3·8대전민주의거 50주년에

유준호

피 붉은 젊은 함성
삼월 하늘 펑! 뚫고
지진이 일어난 듯 한밭 벌을 뒤덮었다.
사방에 깨어난 혼들
송이송이 꽃이었어라.

티 없는 양심으로
민주 불씨 살려들고
거리로 뛰쳐나와 정의로 불 밝혔다.
야욕에 눈먼 이 눈을
후려치는 번개이었어라.

폭력, 불의, 부정이
판을 쳐도 모른 체
가슴 끓인 민심을 폭발시킨 젊은 피여.
캄캄한 삶터를 밝힌
한줄기 빛이었어라.

-『50년 - 3·8민주의거』(2010.12.25)

· **유준호(劉準浩)** : 1943년 충남 서산 출생. 공주사대 - 충남대교육대학원 졸업. 《시조문학》으로 등단(1971). 대전충남중등교장(역). 가람문학회장(역). 시조집『산중신곡』(1992),『가슴속에 키운 장미』(2001),『꽃의 숨소리』(2003)등이 있다.

잊지 못하는 것을
우리는 또 살속에서 캐고 있지

신 협

그렇지, 나의 대학시절 1960년,
대구의 2·28은
4·19혁명의 효시였지
대전의 3·8은
4·19혁명의 디딤돌이었지
마산의 3·15는
4·19혁명의 도화선이었지
고려대학교 4·18은
4·19혁명의 분화구였지
서울대를 비롯,
수많은 목숨을 바꾼 그날은
4·19혁명의 활화산이었지
대학교수단 4·25는
4·19혁명의 확인서였지
그래서 차갑게 흔들리던 4월 26일
허무한 시간을 디디고
우리 대통령 하야(下野)를 했지
그래서 전국의 학생 주체들
모두 혁명의 피붙이 되었지
그래서 무량한 감개, 희생 형제들

모두 민족의 꽃으로 피었지
민주이념의 풀빛 학생혁명이여,
대한민국의 뜨거운 4·19여,
그날이 오면 또 가고
그날이 가면 또 오고
해마다 살아나는 것을
우리는 잊지 않고 있지
해마다 살아있는 것을
우리는 잊지 못하고 있지
잊지 못하는 것을
우리는 또 살속에서 캐고 있지.

- 『50년 - 3·8민주의거』(2010.12.25)

·신 협(愼協) - 본명 신용협(愼鏞協)

1938년 충남 연기 출생. 대전고 - 서울대 - 고려대대학원수학(문학박사)
《심상》으로 문단데뷔(1978). 충남대 국문과 교수(역).
시집 『변명』(1975), 『낙엽으로 돌아와서』(1979), 『물가에 앉아서』(1985), 『어린 양에게』(1993), 『다시 사랑을 위하여』(1998)외.
현재 충남대 명예교수.

함성은 침묵으로 쌓여 흐른다

- 대전 3·8민주의거에 부쳐

구재기

함성은 결코
소리하지 않는다
마치 무엇을 찾는 것처럼
바깥을 향하여 치닫는 것이 아니라
큰 비로 내려 그 물이
땅 속 깊이 스며드는 것처럼
스며들어 천 년 만 년
새암물로 솟아오르는 것처럼
함성은 침묵으로 소리하여
대전천의 맑음으로, 혹은
갑천의 고임으로 흐른다
서러운 빨래의 때를 지워
햇살 아래 펼쳐 놓는다
이 세상 어디
고통 없는 함성이 있으랴
소리하지 않는 고통이 있으랴
아직 뿌리가 생기지 않은 나무일 때
아직 바람도 어쩌지 못하고 있을 때
침묵을 위하여 함성은
흔들리는 물줄기의

큰 흐름을 가늠해준다
그렇다. 어느 누구에게든
어느 때이든, 어느 곳에서건
침묵으로 지게 된
무거운 짐, 그 고통을 되새기며
천만년 울려오는 함성이어라
함성은 결코
소리하지 않는다, 다만
침묵으로 살아 있는 것일 뿐
피곤을 모르는 목마름은
한 모금 뜨거운 침묵을 원한다
대전천의 흐름으로
갑천의 고임으로
낮밤으로 외쳐대는 침묵을
차곡차곡 쌓아두기로 한다

함성은 오늘도
침묵으로 쌓여 흐른다

- 『50년 - 3·8민주의거』(2010.12.25)

· **구재기(丘在期)**

1950년 충남 서천 출생. 공주교대 - 한남대 - 충남대 교육대학원 졸업. 《현대시학》으로 등단(1978). 새여울 동인, 한국문협충남지회장(역). 시집 『모음』(1979), 『자갈전답』(1983), 『농업시편』(1985), 『구름은 무게를 버리며 간다』(2009)등 다수. 현재 충남시인협회 부회장.

겨레와 더불어 역사와 더불어

박재화

오래 전 독재와 허위의 시대
갈등과 분열의 시대
다들 숨 죽여 침묵하고 있을 때
거짓을 거짓이라 말하지 못하고
불의를 불의라 지적하지 못하고
애써 외면하며 침묵에 잠길 때
그대들 분연히 일어섰구나
일어나 용감하게 외쳤구나
1960년 3월 8일
대전시 대흥동 320-2번지 대전고등학교
한모 교정의 건아들이여!

아유자 방관자 비겁자들 넘치는 세상에서
당해도 당한 줄 모르고
아파도 아픈 줄 모르는
무감각 세대 가운데
젊은 그대들 비로소 아파하였구나
맑은 이념 맑은 정신이 무엇인지를
진정한 오뇌가 무엇인지를
정녕 양심이 어떠해야 하는지를

아직 차가운 바람 속에서
그대들 온몸으로 보여 주었구나!
한두 사람
한두 학급이 아닌
일천 명 전교생이 일치단결하여
진리를 외치고 공의를 외치며
시민들을 깨우고
시대정신을 이끌었구나
자유
민주
정의
새 조국의
지순지고한 가치를
역사에 길이 드높였구나!

1960년 3월 8일
대전고등학교 교정을 나선 그대들
부사동과 공설운동장을 거쳐
소방호스 물세례, 페인트 콜타르 세례를 받으며
무장경찰 늘어선 시가지에서
스크럼 짠 그대들이 피 토하며 외친
진실하고 순결한 함성이,
연행 학생들의 석방을 요구하며
주동자 전원이 자진 출두하여 당당히 조사 받던
참으로 두려움 모르는 희생이
전 국민을 깨웠구나

왜곡된 연대를 바로잡았구나!

1960년 3월 8일
바람 찬 대전 시가를 용감하게 내달리던 그대들
그 뜨겁고도 서릿발같은 함성은
이내 대전상고와 충주 수원 부산 청주 서울…
여러 고교생들의 궐기를 부르고
마침내 위대한 4·19로 이어졌으니
그대들은 곧 혁명의 첨병!
이 나라 민주화운동의 전설!
아, 한모와 충청인의 자랑이어라!
겨레와 더불어
역사와 더불어
그 이름 영원히 빛날
한모 교정의 일천 건아들이여!

- 『50년 - 3·8민주의거』(2010.12.25)

· 박재화(朴在和)

1951년 충북 보은 출생. 대전고 - 성균관대 대학원 - 영국 CII (College of Insurance)수료. 《현대문학》으로 문단 데뷔(1983). 시집 『도시의 말』(1985), 『진달래 숲』 외. 현재 더-케이손해보험(주)상무이사.

역사는 다시 증언하라

최송석

누구의 부름이었나
청보리밭 일렁이는 파도처럼
울컥 뜨거운 불덩이 토하며 거리로 쏟아져 나온
푸른 함성들

이름 봄 3월 8일
교정을 박차고 거리로 뛰쳐나온 학생들은
목이 터져라 자유와 정의를 외쳤고
독재항거의 거친 숨결은 대전의 거리마다 넘쳐흘렀네

민주가 무엇이고, 민생이 무엇인지 속을 살피며
억압과 불의, 부정과 부패는 않된다는 것을 알았기에
젊은 심장 뛰는 맥박으로 1960년은 뜨거웠네

민주도 없고 민생도 없고 억압과 독재만 무성하던 시절
3·8 함성은 뜀박질로 달려가
4·19혁명의 불을 지피고 독재권세를 불태우며
피를 흘렸지.

역사는 다시 증언하라

그날 그들이 흘린 땀과 피가
민주대한의 오늘을 있게 했고, 민족역사의 등줄기를 적시며
태극기 휘날리는 푸른 하늘이 있게 했음을,

그리하여 아직도 이 땅에는 그들이 살아있고
그 기백과 애국혼은
지금도 국가를 위해 불태우고 있음을
우리는 다시금 기억할지니

아, 꼿꼿한 지조였어라
아, 끝없는 그리움이어라

청보리밭 일렁이는 파도처럼
울컥 뜨거운 불덩이 토하며 거리로 쏟아져나온
푸른 함성들.

- 『50년 - 3·8민주의거』(2010.12.25)

· **최송석(崔松錫)**

1937년 충남 예산 출생. 충남대 국문과 졸업. 충남교원단체연합회 사무국장(역), 한국문인협회 대전지회장(역). 《시와 의식》으로 등단(1984). 시집 『그림자를 위한 향연』(1988), 『풀빛 바람 곁에서』(1993), 『우리는 절망을 탄핵할 수 없다』(2003). 현재 대전문인총연합회 명예회장.

아들아, 3·8의거를 넌 아느냐

- 민주화의 주춧돌 다진지 50 해

田 玟

나는 아들에게 역사적 진실을 말한다
민주화의 주춧돌 놓고 다진지 50 해
장기집권 야욕은, 사사오입 개헌에다
완장부대에 이끌려 유권자는 노예로
사전투표, 3인조에 반공개 투표까지
참관인은 몰아내고, 투표함 바꿔치기
득표수 조작 등 갖은 부정을 저지른
3·15 부정선거에 항거해 뛰쳐나온
정의의 화신을 향해 총구가 겨눠지고
가슴엔 총격관통상 양심은 뚫리어
젊은 피가 하늘 끝까지 솟구쳤지.

4·19혁명의 도화선은 누가 뭐래도
2·28 대구, 3·8 대전, 3·15 마산에서
고교생들이 민주화에 불붙여진 의거
부정부패와 독재정권에 반기를 들고
거리로 뛰쳐나온 학생들에도 발포를
남해 바다에선 최루탄이 눈에 박힌
한 고교생의 시신도 발견 되었단다
거리의 열사들은 닥치는 대로 검거해

감옥마다 모진 고문이 총동원되었지
마산과 대구, 대전에서, 전국적으로
4·19혁명이 태풍처럼 몰아쳐갔지
민주화는 그리 쉽게 역사 속으로
세월 따라 굴러오는 것은 아니다
내 머리와 그대의 뜨거운 가슴에
정의의 다리가 하나 놓여 넘어온
지식인, 직장인, 노동자, 농어민들이
오랜 시간에 걸쳐 다져온 양심의 씨가
싹 트고 자라서 오늘의 역사를 썼단다
3·8, 4·19혁명 50해를 맞이하며
대한민국의 민주주의가 큰 뿌리 내려
활기찬 미래를 꼭 지켜 줄 수 있기를.

3·8의거와 4·19혁명을 넌 아느냐
민주화는 피로 쓴 역사라는 사실도.

- 『50년 - 3·8민주의거』(2010.12.25)

· **전 민(田 玟)** - 본명 전병기.

1948년 충남 홍성 출생. 공주교대 - 충남대교육대학원수학. 월간《시문학》으로 문단 데뷔(1985). 시집 『주민등록증을 갱신하며』(1990), 『가을비 곱게 내리는 저녁나절에는』(1992), 『그대 마음 훔쳐 싣고』(1995), 『가슴꽃 이야기』(1995)외. 대전문학상(1993)·대일비호대상(문화부문·2000)·대전시인상(2003)·대전시문화상(문학·2004)수상
현재 한국시문학문인회 대전충청회장

산화한 증언자들에게

박대순

1960년 3월 8일, 아 4월 19일
일단의 청춘들이 더 넓은 도로의 한 가운데서
당당한 자세로
한 줄기 생명의 불꽃놀이를 하고 있었다.
힘차게 타올랐다.
무자비한 힘들이 지나가 버린 자리에도
증언자 가로수는 여전히 그 자리를 지키고 있었다.
어느 소녀의 외마디 외침도 여전히 있었다.

누군가 시킨 것도 아닌데
자유의 함성으로
세상이 터져 나가던 그 날.
희고 검은 제복의 생명들은 서로의 어깨를 부여잡고
조국의 미래를 절규하였다.

그러나 태평양에서 불어오는
거친 폭풍의 사나운 바람으로 피지 못한 꽃잎들은
말없이 그 생명의 등불을 껐다.

또 한 번의 모진 세월 앞에

거친 폭우가 셀 수 없는 꿈들을 흩날려 버리고
아픔으로 언어들은 다시 침묵하는데
우리들은 오늘 다시 떨어진 꽃잎을 주워들고
그 날에 피어보지도 못한 미래를 통곡한다.
이제, 우리는
어제의 안타까운 그늘진 그림자를 조용히 내려놓고,

아름답고 희망찬 새로운 시대를 일구는데
우리들 가슴마다 새겨진 이 한스러움에 맺힌
피 흘린 정성이
갓 피어난 어린 싹들의 축복의 정신으로 통하는 단 하나의 길
그것은 민주주의.

우리들의 새 시대 새로운 광장이여!
어제의 그 어둡던 광장에 타던 영혼의 촛불이여!
이제 저 신선한 태양이 작열하는
생명의 힘 있는 보금자리가 되어 주는
단 하나의 민주주의.

- 『50년 - 3·8민주의거』(2010.12.25)

· 박대순(朴大淳)

1958년 경북 달성 출생. 한성신학대학 - 대전대대학원수학(문학박사).《우리문학》을 통해 문단데뷔(1989). 시집『갈꽃 줄기를 흔들며』(1996),『바람이 머문 자리』(1998) 등. 현재 대전은혜교회 목사.

함성의 길에서

- 3·8민주의거 50주년을 기리며

조혜식

부정선거라 했다
모두, 불법이라 했다
독재의 헛된 권력이라 했다
누적된 모순들이 높이도 쌓였다

민주, 민생 일어났다
정의, 자유 일어났다
그 씨알들이 높이를 부쉈다
부정, 불법의 높이를 부쉈다

함성의 길에서 피가 흘렀다
혁명으로 가는 길이었다

- 『50년 - 3·8민주의거』(2010.12.25)

· **조혜식(趙惠植)**

1933년 충북 괴산 출생. 청주사범학교 졸업. 초등학교 교사(역). 《문학공간》으로 데뷔(1991). 시집『흘러간 내 그림자』(1989), 『갑사댕기』(1990), 『여인의 소망』(1991), 『생의 한가운데』(1992), 『저 하늘 날고파라』(1993), 『여정에서』(1994), 『산 따라 강 따라』(1996), 『깊어지는 정념 하나』(1996), 『웃는 얼굴 착한 마음』(1997), 『그대와 나의 노래』(1999)외. 현재 한국문인협회 회원.

사월이 오면

김명동

세월은 가슴에 구멍을 뚫었다
허허하게 큰 구멍을 뚫었다
심장의 고동소리 그 한가운데
세찬 바람 부는 구멍을 뚫었다
봄은 소리지르며 다가와
따뜻한 내음새를 풍기는데
뚫린 가슴 메꿀 흙바람은 언제 불어올까
저 널따란 들판에
작은 생명들은 용트림하며 고개 내밀고
밤새 흘린 이슬방울 받아 마시는데
승천하는 구름은 날개를 달고
행선지 없는 기적소리
레일 위를 줄달음 친다
오너라, 어서 오너라
하늬바람 불고
아지랑이 춤추며 다가서거든
구멍난 가슴이라도 활짝 펴거라
사월이 오거든, 그 날이 되거든
거리에 붉은 피 뿌리던 심장

그 한가운데 구멍난 아픔을
이제는 침묵의 흙바람으로 굳게 막아라

- 『50년 - 3·8민주의거』(2010.12.25)

· **김명동(金明東)**

1944년 경북 상주 출생. 한남대 지역개발대학원 수학, 《농민문학》을 통해 문단 데뷔. 시집『어느 바보의 작은 가슴』(1990), 『고향은 저만치』(1992), 『꿈속에 별 달』(1993), 『그대를 사랑하는 이유』(2002), 『그리움의 마당에는 당신이 주인입니다』(2006)등. 현재 한국문인협회 회원.

내 오라버니의 3월

송영숙

내 오라버니는 정의파였지
내 오라버니는 자유를 사랑했지
내 오라버니는 민주의 종을
그 녹슨 민주의 종을
그렇게도 힘껏 두들겨댔지
3월에,
대전의 그 3월에
너무 분노했던 거야
사내답게 분노했던 거야
그래 총칼의 모독에 항거한 거야
못생긴 정권에 궐기한 거야
새까만 독재타도에 앞장선 거야
나에게
그 3월을 가르쳐준
오라버니 생각하고 또 생각하며
이제 숨차던 역사의 숲을 헤집고
내 오라버니,
분노의 피를 적셔
이 땅의 벙그는 봄을 색칠해보는 거야
봄 같지 않던 봄을 깨우던

내 오라버니의
3월을 그려보는 거야

- 『50년 - 3·8민주의거』(2010.12.25)

· **송영숙(宋英淑)**

1959년 대전 출생. 방송통신대수학. 월간《시문학》을 통해서 등단(1993).
시집 『할미꽃과 중정모』(1993).
현재 호서문학 주간, 시상문학회 회장

높은 별을 보며
아이들이 행진하고 있다

-3·8민주의거 50주년에

빈명숙

그만 나가세요, 민주의식으로 나가세요
살생을 좋아하지 않는 까닭에, 부탁입니다
아파트 9층까지 올라오지 않기를 바랍니다
철망을 열자마자 어느새 들어왔던 모양인데
나가라고 문을 열어 두어도 나갈 생각이 없나보다
배려하는 마음으로, 1박2일만 함께 지내자는 것일까
그렇게 남의 집에서 천년만년 살자는 것일까
집안에서 단맛 쓴맛 다 보면 나가겠지요
좋게 달래기도 하고 훈계를 해도 소용이 없다
파리채를 휘두르면 비웃고 날아가 숨는다
너무 작다 해도 몸은 날쌔다
모두 바보 바보 한참 숨바꼭질을 한다
아무리 천지가 넓다 해도
때가 되어 에프킬라, 진짜 킬러가 되면
약 품는 소리 한 번에 파리 목숨 떨어지듯이
분수처럼 치솟아 흩어지는 젊은 물방울들
또다시 시대는 참았다가 솟구치는 외침이다
누가 먼저 위기지학(爲己之學) 해도
에프킬라는 외려 위인지학(爲人之學) 이라

공자의 이상국가를 아이들이 꿈꾸고 있다
3·8의 민주국가를 아이들이 꿈꾸고 있다
높은 별을 보며 아이들이 행진하고 있다.

- 『50년 - 3·8민주의거』(2010.12.25)

· 빈명숙(賓明淑)

1953년 경북 고성 출생. 중경전문대 - 한남대 - 대전대대학원 박사과정. 《문예한국》을 통해 문단데뷔(1993). 시집『야외사막』(1997), 『러브조이의 섬』(2001), 『풀의 잠』(2003), 『호랑나비 얼굴』(2010)외.
현재 대전여성문학회 회장

한 그루 나무이고 싶습니다

- 3·8민주의거 50주년에

한문석

한그루 나무이고 싶습니다
소외되고 고통 받는 사람들 모두에게
깨끗한 피를 수혈해 주는 꽃을 피우고 싶습니다
비바람 사납게 휘몰아치고
눈먼 위선자의 총부리 앞에 쓰러져간 자리
뼈마디 조각조각 부서지는 아픔일 때
꽃은 스스로 몸을 열어 제 중심을 내줍니다
정의와 진리로 빛나는 몸은
고통스럽지만 부드럽고 받아들이는 생각이 깊습니다
새벽이 오고 새벽 속으로
맨발을 내딛는 모습은 힘차고 아름답습니다
아침 해가 유난히 붉게 솟아오르던 것은
다하지 못한 불의에 온전히 항거 할 수없는
아직은 모질게 독한 마음 품지 못한 상처를
올곧게 다시 새겨야 하는 노여움 때문입니다
추위를 견디다 못해 몽우리가 뚝뚝 떨어지고
안쓰러운 마음으로 바라보던 까만 눈동자들
눈물이 핏물 그 절정에 있었다는 사실은
곧 아무것도 섞이지 않은 순수 그대로입니다
겹겹이 안으로만 흔들리던 종소리

어쩌다 교정 곳곳을 격랑의 피로 물들이고
거리마다 뜨겁게 울먹이던 목마른 함성
핏속에 묻혀 꽃은 범벅이 됩니다
오십년 세월이 흘렀습니다
식장산 둥근 햇덩이 드높이 솟아올라
세상 어둠 모조리 씻어내고
꽃과 나무가 한데 어울려 뿜어내는 향기 속을
메아리치는 저 부신 울림
그해 봄 자유인 모두의 가슴에 심는
한 그루 나무이고 싶습니다

- 『50년 - 3·8민주의거』(2010.12.25)

· 한문석(韓文錫)

1948년 충남 연기 출생. 충남대 국문과 졸업. 성모여고 교사(역). 《앞선문학》(현《문학21》)로 등단(1995). 시집『사랑이란 이름으로』(1995),『눈오는 날은 네게로』(1996),『호수』(1998),『바람개비』(2008)외. 현재 대전문인총연합회 시분과이사.

현정탑 우러러보며

- 3·8민주의거 50주년에

이상덕

신성한 학원에
정치사찰 중지하라

드높은 하늘 있네
학원에 자유를 달라

학생들
쓰린 목메임
정의(正義)로 울려 퍼졌네

3·8민주의거
4·19혁명 도화선

독재 정치 물러가라
되찾은 국민주권

대전고
교정에 우뚝선
현정탑(顯正塔) 우람한 모습

- 『50년 - 3·민주의거』(2010. 12. 25)

· 이상덕(李商德)

1938년 대전 출생. 대전사범 - 충남대졸업. 대전충남중등교사(역). 《현대시조》로 등단(1996). 시조집 『나지막한 가을』(2000)외 다수. 중도불교문인협회부회장(역). 현재 가람문학회 회장.

끝내 빛은 잠들지 않았네

-3·8과 내 선생님 이야기

이순옥

I

어느 날 선생님 날 부르셨네
3·8이 무엇인가 좀 알라고
3·8을 가슴으로 좀 알라고
『3·8민주의거』 책 한권 주셨네
그래서 양심의 우리 역사를 좀 알라고
내 선생님 말씀하셨네
청솔같은 카랑카랑한 말씀 하셨네

II

차가운 공포였나
미더운 분노였나
할퀴고 뜯기고 목조이던 민주
민주의 어둠속에 빛을 뿌렸네
피흘리며 정의의 빛을 뿌렸네
그 날 시인도 내 선생님도
파도로 함께 일렁이며 앞장을 섰네

III

끝내 빛은 잠들지 않았네

부정의 음모 속으로 질주하며
새벽을 깨웠네, 깨우고 또 깨웠네
그리고 새벽은 일어섰네
가장 의롭게 일어섰네
밝은 해 머리에 이고
우람한 역사의 기둥 세웠네.

- 『50년 - 3·8민주의거』 (2010. 12. 25)

· 이순옥

1960년 충남 논산 출생. 1984년부터「동시대」 및「시상문학회」동인활동.
《문학시대》를 통해 등단(2008).
현재 시상문학회 회원. 도서출판 문화의 힘 대표.

우리의 영혼은 3월에 삽니다

- 3·8 민주의거 50주년에

정기창

진달래꽃 피었습니다
하얀 철쭉도 피었습니다
가득 웃음꽃도 피었습니다
가슴 가슴마다 환하게
우리 땅 방방곡곡 피었습니다
해마다 그 꽃냄새로
3월은 시작되었습니다
고귀한 발자취 솟았습니다

부정부패 뿌리 캐고
민주학원 자유 찾고
독재정권 항거하던
1960년 3월 8일, 그리고 3월 10일
역사의 현장, 우리의 대전
젊은 피 뜨겁게 끓어올랐습니다
저 하늘, 태양도 이글대며
싱싱한 눈빛을 보냈습니다
불타오던 소명감일까

선비후에 숭고함일까
절의정신 깨우침일까
겨레사랑 순수함일까
우리의 외침은 깃발이었습니다
우리의 외침은 횃불이었습니다
우리의 의거는 영혼이었습니다
우리의 의거는 환생이었습니다

무성한 나뭇잎 손 흔들었습니다
코스모스 들국화 향기 보냈습니다
눈보라 송이송이 춤을 추었습니다
해마다 봄은 청사靑史에 길이 살아
파도의 심장을 뚫어보고
천둥의 고동을 움켜잡으며
함성의 언덕으로 향했습니다
분연히 떨쳐 일어났습니다

아침 일찍 창문을 엽니다
부활의 종소리 걸어옵니다
봄날의 발소리 들립니다
청명한 가슴으로 펼쳐진
하늘과 맞닿은 평화 있습니다
민주는 저 평화의 벌판, 그립니다

3월은 영원에 이르는 디딤돌

우리의 영혼은 3월에 삽니다

-『50년 - 3·8민주의거』(2010.12.25)

· 정기창

1940년 대전 출생. 1960년 3·10 대전상고 시위 참가.충남대 경영대학원 수학. 원광대행정대학원 수학. 동아연필주식회사 전무이사(역) 현재 3·8민주의거 기념사업회 공동의장. (주)럭키모노륨 대표이사.

그 해 3월

- 3·8 대전고 의거일에

이장희

하늘에는 검은 구름이 덮여있었다
종달새도 노고지리도 울 수 없었다
혼미한 바람이 목을 조여오고
나른한 낮빛으로 슬어지고 있던
자유와 민주
까마득한 어둠만이
무겁게 짓누르고 있었다
그 때 나타난 젊은 행진들
새벽을 깨치고 솟구친 1000여명의
함성소리
허리에 허리를 동여매고
대흥동 인동 도청 앞으로
민족의 횃불이 되어 타오른
향기로운 꽃이여
3월의 새 날을 불태운
피의 향기여.

· 이장희(李璋熙)

1946년 대전 출생. 공주교대 - 숭전대대학원 수학. 《현대문학》추천등단(1973). 대전 중등교사 역임. 충남도문화상수상(1985). 시집 『은침』(1979), 『밤낚시터에서』(1984), 『그 아픔의 빈 자리는』(1988), 『스쳐가는 바람은 그리움으로 머물고』(1995), 『작은 것이 아름답다』(1995)등 다수. 현재 대전문협을 걱정하는 문인들의 모임 공동대표.

입춘연가

-3·8민주의거기념탑을 보며

박영규

취할 시간이 없어
오히려 박해를 자초한
가파른 야전의 역사에서
3·8의 북소리 처음 끄집어 내놓고
소리에 붙어 동의하는
입춘 햇살의 저 수많은 눈초리
뜻으로 솟아남으로
길로 번쩍임으로
당신 또는 내 작은 가슴으로,
읽는다 읽는다
읽는다 읽는다 읽는다
기념탑 꼭대기에는 불덩이가 튀었다
불꽃이 번쩍거렸다

·박영규(朴永圭)

1938년 경북 문경 출생. 서울대 문리대 종교학과 졸업. 미국 McCormick 신학대 목회학박사. 주미 한국크리스찬 선교센터 원장. 시카고 한인 기독교 방송국장. 시카고 유니온신학대, 피어선신학대 교수 역임. 시집 『침묵하는 시간에 서서』(1995), 『하늘 나그네의 독백』(1996), 『붉은 바위산』(1998)외 종교서적 다수가 있음. 현재 한국영성문화연구원 원장.

3·8민주의 꽃이여 만방에 피어나라

서신자

이제 3·8민주의 눈은
초록의 녹음으로 살아나
만방에 志, 正, 義 푸른 건아의 죽순으로 피어
울창한 숲을 이루리라

민주를 향해 함성을 지르며
온 몸으로 항거하던 뜨거운 꽃이여
청년의 가슴에 품은 정의는 독재와 억압을 눌렀고

건아의 청춘이 아름다운 것은
불의와 타협하지 않던
거룩한 분노가 폭염처럼 붉게 터져갔기 때문이다

지금, 산야에 꽃이 피고
새가 우짖는 저 자유를 위해
3·8민주의거는 온 몸을 꼬집으며 피어났다
지혜와 정의의 번뜩이는 눈동자여
사랑의 부르짖음의 불덩이 가슴이여
50년 역사는 흘렀어도
그 때 그 함성 울부짖음이 생생하다

3·8민주의거의 꽃이여
잠자던 역사의 왜곡에서
이제 두 눈 부릅뜨고 깨어나
만방에 빛을 발하라
불가사의(不可思議) 끈덕진 생명력으로
3·8민주의 꽃이여 만방에 피어나라

·서신자

1966년 충남 부여 출생. 방송통신대학 국문과졸업. 《호서문학》우수작품상을 받으며 문단활동 시작(2005). 현재 대전문인총연합회, 호서문학회, 대전PEN 회원.

자유를 향한 금빛 날개로

이상철

땅의 세계는 부르는 이름 앞에서
그만의 존재를 드러낸다.
1960년 3월 8일
부정부패, 땅의 척박함을 갈아엎은 날
곤봉과 총대에 굴하지 않고
대전지역 학우들이 팔짱을 끼고
민주를 향한 스크럼을 짜고 행진한 날
독재정권의 책략, 겨울의 장막을 거두려
민주의 햇살 마중 나가던 날
작은 몸짓, 흔들리지 않는 정의의 팔뚝으로
4·19혁명, 불꽃을 작약(炸藥)하던 날.

3월 8일은
폭풍을 가르며 질주하는 함선(艦船)처럼
푸른 지평선 너머 아름다운 우리의 미래를 위해
으깨지고, 짓밟혀도 그 자리에 피어난 연두빛 사랑이
되어
날마다 되살아나는 민주의 이슬꽃이여!
3월 하늘을 향해 누구도 슬퍼하지 말라
자유를 향한 삼월의 언덕위에

이 땅의 진실을 흔들어 깨우는 봄비가 내릴지니
햇빛 머금은 장송(長松)으로 흔들리지 않을 손짓이여!

3월 8일의 정신은 지금도
뾰족한 불꽃이 되어, 따끔따끔 내 살결위로
가슴팍으로 아니, 저 들판의 푸른 잎으로 돋아나
반세기 동안 멈추지 않는 봄비가 되었네.
굳어버린, 말라버린 관념의 껍질을 두드려 깨우는
거대한 울림, 자유를 향한 금빛 날개로
이 땅에 가득 퍼질 민주의 종소리가 되었네.
다급한 외침으로 솟구쳐 커다란 나무 위
가지마다 내려앉은 자유의 작은 새가 되었네.

· **이상철(李商哲)**

1966년 충남 공주 출생. 대전대 국문과 졸업. 서강대 대학원 수학. 《문학시대》우수작품상을 받으며 문단활동 시작(2008). 현재 대학입시학원 강사.

종소리 울려라 종소리 울려 외1

이정희

배가 고파도 자유를 원했다
못살아도 민주화를 외쳤다
순수한 염원은 우리들의 소년시대,
대구의 이이팔 드높았다
대전의 삼팔 드높았다
마산의 삼일오 드높았다
고려대 사일팔 드높았다
기어코 사일구 혁명 이루었다
마침내 우리 대통령 하야했다

다시 군화발 득세하고
그러나 자유의 검붉은 피투성이
육삼 항거는 육이구선언 쟁취하고
민주화 꽃 꽃 꽃
자유화 꽃 꽃 꽃
그렇게도 활짝 피었다 피었다
세월 50년
우리 꽃 향기 그래 널리 퍼졌다
삼팔 그 불씨도 멀리 수출했다

자유가 아니면 죽엄을 달라
그렇지 그려
체코에서 벨벳혁명 터졌다
그루지아에서 장미혁명 터졌다
우크라이나 오렌지혁명 터졌다
키르키르스탄 튤립혁명 터졌다
레바논 백향목혁명 터졌다
미얀마 샤프란혁명 터졌다
튜니지에서 또 제스민혁명 터졌다
이집트에서 또 코샤리혁명 터졌다
아흐, 아흐, 리비아, 이란, 중국,
레드 꼬레아, 얼어붙은 북녘땅
그렇지 그렇지,
종소리 울려라 종소리 울려
종소리 울려라 종소리 울려.

당신의 죽음이 민주의 목숨 되었네요

- 이기태 열사를 추모하며

경주이씨 국당공 후손,
아버지 이동표님, 어머니 김정련 여사 사이
충북 영동군 학산면 봉소리 산골,
외아들로 태어나셨군요
학교는 고개 넘어 무주에서 초등,중학 마치고
수재들 학교 대전고등 나오셨군요
일곱 살에, 아버지 교통사고로 여의고
날품 행상 홀어머니 밑에서 참 장하셨군요
서울땅 경희대 학생회장으로 시위대 이끌고
종로와 광화문 구국 함성 외치다 외치다,
아마, 표적으로 흉탄 맞아
선혈, 또 선혈, 뿌리셨군요
민주의 제단에 뿌리셨군요
4·19혁명열사
당신의 추모비 앞에서
민주의 노둣돌 디디며 묵념 올리고
당신의 민주의 선봉탑 앞에서
피묻은 희생의 참 뜻을 살펴보았네요
내 일가, 내 형님인데
모친은 지금 95세

당신을 여전히 기다리고 계시더군요
부정도 부패도 억압도 독재도
흙덩이 같이 다 부서지고 흩어지는 것
당신의 죽음이
민주의 목숨 되었네요

이기태 열사 초상화
배경숙 화백 (충북 영동문화원 제공)

· **이정희(李貞熙)**

1943년 서울 출생. 충남대 영문과 및 동대학원 수학(문학박사). 선문대 영문과 교수(역). 중도일보 비상임 논설위원(역). 수필가. 문학시대 우수작품상(2010). 저서, 공동수필집 『교단의 메아리』(1971), 칼럼집 『살며 생각하며』, 교양서적『영미문화의 이해』(2003)등.
현제 세종TV, MBS TV 칼럼집필

■ 평설

3·8민주의거, 열린 세계의 시

-『함성은 침묵으로 쌓여 흐른다』에 대한 소고(小考)

김용재
시인·UPLI 한국회장

4·19혁명은 1960년 학생이 중심이 되어 독재정권에 항거한 아시아 최초의 민주주의 혁명이며 우리나라 역사상 민중이 정권을 타도하는데 성공한 최초의 혁명이다. 가시적 혁명기간은 2월 28일 대구학생시위를 시발로 해서 4월 26일 이승만 대통령의 하야성명과 더불은 자유당 정권의 붕괴까지 약 2개월간이 되는 것이다.

4·19혁명의 주요 루트는 대구의 2·28, 대전의 3·8, 마산의 3·15, 고려대의 4·18, 전국의 4·19, 대학교수단의 4·25를 들 수 있다.

대구의 2·28은 야당의 부통령 후보인 장면의 선거연설이 계획되어 있던 2월 28일 학생들이 유세장으로 몰릴 것을 우려한 나머지 일요일인데도 등교를 지시한 당국에 반항하여 경북고를 비롯한 대구시내 고교생들이 자주적으로 시위를 전개한 사건을 말한다. 학원의 정치도구화에 반기를 든 것이고 가난과 독재, 불의와 부정에 항거한 시민정신의 표출이었다.

대전의 3·8은 대구와 같이 야당 후보인 장면의 선거연설이 계획된 날이다(야당 대통령 후보 조병옥 박사는 2월 15일 서거). 이 날을 기점으로 대전고, 대전상고, 대전공고, 보문고 등 시내 고교생들이 연합하여 자유당의 독재에 항거하고 3·15부정선거전략을 규탄하는 대규모의 시위를 감행하기로 되어있었다. 그러나 그 계획이 사전 발각되어 극심한 제압을 받았고, 그런 가운데 3월 8일에는 대전고교생 1,000여명이 맹렬한 시위를 벌였고 3월 10일에는 대전상고생 600여명이 시위를 벌였다. 그 가운데 3월 9일에는 대전고 4명, 대전공고 9명, 대전상고 12명 등 대표들이 연행되고 보문고는 9일부터 대전공고는 10일부터 학기말 시험을 치르게 되었다. 대구의 2·28이 4·19의 도화선이었다면 대전의 3·8은 그 도화선의 불씨가 전국적으로 확산되게 하는 4·19의 교두보적 역할을 한 것이다.

아울러 3·8시위는 조직적, 체계적, 자율적으로 이루어졌고 대전고의 수재로 알려진 홍석곤(서울법대진학)군이 작성한 결의문은 이승만 정부에 대한 항의와 요구사항을 적시한 것으로 알려져 있다.

> 정의와 진리를 사랑하는 우리 대전고 건아는 최근의 도당국과 학교당국의 처사에 대하여 그 잘못을 깨닫고 조속히 학원의 자유보장과 강력한 시정책을 강구할 것을 다음과 같이 결의한다.
>
> - 외부세력의 학원침투 방지
> - 교내에서의 선거운동 반대

- 서울신문 강제구독 사절
- 언론탄압 반대

우리의 거사는 오로지 정의감과 자발적 의사에서 나온 것이며, 이러한 주장이 관철되지 않을 때는 동맹휴학도 불사한다.

김정남-『50년-3·8민주의거』(2010.12) -「4·19혁명과 3·8민주의거」pp.70-71

한편 이날 목이 터져라 외친 구호를 집약해보면 다음과 같다.

- 학원에 자유를 달라
- 학생을 정치에 이용하지 말라
- 언론탄압 중지하라
- 학원에서의 선거운동을 배격한다
- 관제신문 구독강요 절대 반대
- 우리의 요구를 억제하지 말라
- 연행·구속학생 이유 없이 석방하라

김용재-『三·八 民主義擧』(2005.8), 권두시「꽃보다 더 밝은 민주의 등불」

4·19가 이러한 과정 없이 어느 날 갑자기 일어난 것이 아니라 그 과정에 있었던 사건들이 이어지고 쌓여서 대 폭발을 가져온 것이다. 특히 대구의 2·28과 대전의 3·8은 고교생들에 의한 선도적 시위란 점에서 중대한 의미를 지니는 것이다.

마산의 3·15는 부정선거로 인해 수많은 국민이 분노에 떨고 있을 때 학생과 시민들이 함께 나서 부정선거를 규탄하는 시위를 벌인 것이다. 이를 강제 해산시키기 위한 경찰의 발포와 체포 구금으로 인해 80여명이 중경상을 입고 7명이 사망하였다(4·19

기간 중 마산의 전체사망자는 12명). 특히 시위 도중 행방불명되었던 16세의 마산상고생 김주열의 시체가 왼쪽 눈에 최루탄이 박힌 처참한 모습으로 신포동 앞바다에 떠올랐을 때(4월 11일), 4·19혁명의 불길은 이미 타오르고 있었던 것이다.

마산의 3·15의거 이후 4월 18일 고려대생 시위가 크게 일어난다. 거교적 대학생 시위였으며 평화적인 것이었지만 경찰과 모의한 반공청년단이라는 정치 깡패들이 무차별 테러를 가해 수십 명의 학생이 부상을 당한다. 학생들의 평화적 시위에 무차별 폭력을 가한 자유당정권에 대해 국민의 분노는 걷잡을 수 없이 팽창하게 된 것이다.

마침내 피의 화요일 4월 19일에는 전국적으로 학생들이 이른 아침부터 선언문을 낭독하고 거리로 뛰쳐나왔다. 시민들도 학생들의 대열에 합류했고 서울의 국회의사당에서 경무대(대통령 관저·4.19이후 청와대로 이름 고침)로 시위대열이 방향을 잡자 경찰은 무차별 발포를 하고 사상자는 증가하게 된다. 이승만 정부는 계엄령을 선포하여 사태를 수습하려 하였으나 국민은 이를 용납하지 않고 근본적인 개혁을 요구하고 있었다.

4월 25일에는 전국 27개 대학교수단 300여명이 「학생의 피에 보답하라」는 구호를 내걸고 이승만 정부의 퇴진을 요구하는 시위를 벌였다. 교수단은 시국선언문을 채택하고 독재정권의 종말을 선언하는 시위에 나섰으며 온 국민이 찬동하며 궐기하였다.

자유당 정부의 퇴진요구와 더불어 학생들의 시위는 계속되었다. 마침내 4월 26일 오전10시 계엄사령관 송요찬 장군은 군의 시위대 발포 중지와 학생들의 요구가 정당하다는 발언을 했고 이어서 이승만 대통령은 하야성명을 발표했다. 드디어 자유당 정권은 무너지고 이승만은 거처를 경무대에서 이화장으로 옮겼다가 5월29일 하와이로 망명길에 올랐다. 이기붕은 4월28일 가족의 총을 맞고 가족과 함께 집단자살의 비참한 최후를 마쳤다.

이상 4·19의 전말을 간략하게나마 살펴보았다. 물론 3·8에 힘을 실었다. 3·8민주의거에 대해 이야기할 때 우리는 반드시 4·19혁명에 대한 필연적 언급을 하게 되지만 그러나 아이러니컬하게도 4·19를 말하는 수많은 사람들이 3·8을 모르고 있거나 잊고 있고 그래서 말을 못하고 있다. 이러한 실상을 눈여겨보면서 필자는 3·8민주의거 40주년(2000) 및 50주년(2010)기념 학술대회를 개최하는데 주동적 일을 했고 『三·八 民主義擧』(4x6배판·256면 : 2005) 및 『50년-3·8민주의거』(4x6배판·596면 : 2010)를 발행하는데 역시 주동적 일을 했다. 지금 『함성은 침묵으로 쌓여 흐른다』시집을 만드는 일도 마찬가지다.

대구의 2·28민주의거기념사업회나 마산의 3·15의거기념사업회에 크게 영향을 받았지만, 그러나 그대로 따라가자는 것도 아니고 우열을 가리자는 것도 더욱 아니다. 더불어 4·19의 발판이 되고 교두보가 되고 도화선의 역할을 했다는 역사적 사실을 정당하게 알리고 민주-정의-자유의 정신으로 집약되는 그 정신을 오늘에 되살려 시민정신으로 승화시키자는 것이다. 특히 시인이 4·19정신의 선도자가 되었고, 시인이 뿌린 언어의 핏줄기가 행동하는 젊음의 자양분이 되고 윤활유가 되었다는 사실을 여기 3·8의 마당에도 알려야겠다는 소망을 펼쳐보는 것이다.

설령 우리들의 머리 위에서
먹장 같은 구름이 해를 가리고 있다 쳐도
아직은 체념할 수 없는 까닭은
앓고 있는 하늘
구름장 위에서
우리들의 태양이 작열하고 있기 때문(제1연)

허옇게 뿌려진 책들이 짓밟히고
그 깨끗한 지성을 간직한 머리에선 피가 흘러내리고
불행한 일요일, 구루미선데이에 오른
불꽃
불꽃!
빛좋은 개살구로 익어가는
이 땅의 민주주의에
아아 우리들의 태양이 이글거리는 모습(제4연)

아아 아직은 체념할 수 없는 까닭은
저리 우리들의 태양이 이글거리는 때문(마지막 제9연)

김윤식(1928-1996)의 시 「아직은 체념할 수 없는 까닭 - 2·28 대구학생데모를 보고」의 9연 52행 중 일부를 제시한 것이다. 이 시는 부제에서 밝혀진 바와 같이 1960년 2·28 대구학생 데모를 본 감격을 즉석에서 써서 다음 다음 날 대구일보

(1960.3.1)에 발표한 것이다. 뒷날의 자료(2·28의 시인은 말한다 - 매일신문 1963.2.28)에 의하면, 자신이 데모의 대열에 직접 뛰어들지 못하는 성인으로서의 뉘우침, 북바치는 감격, 시를 쓰는 사람의 의무감, 내일이 결코 비극적이 아니라는 심경을 밝힌 것이다.

먹장구름과 작열하는 태양의 대비가 현실의 부조리에 대한 저항시로서의 생동감을 심어주고 있다 할 것이다. 지금 이 시는 대구 2·28기념중앙공원에 새겨져 있다.

유치환, 이효상, 이영도, 이윤수 등 괄목할 만한 많은 시인들이 이어서 대구 2·28시인으로 불꽃을 밝힌다. 「4.19의 진원지」「4.19의 효시」라는 자부심이 시속에 용해되어 시가 또한 정의의 역사를 새기는 큰 구실을 하게 된 것이다.

남성동파출소에서 시청으로 가는 대로상에
또는
남성동파출소에서 북마산파출소로 가는 대로상에
너는 보았는가 … 뿌린 핏방울을,
베꼬니아의 꽃잎처럼이나 선연했던 것을 …
1960년 3월 15일
너는 보았는가 … 야음(夜陰)을 뚫고
나의 고막도 뚫고 간
그 많은 총탄의 행방을 …

남성동파출소에서 시청으로 가는 대로상에서
또는

남성동파출소에서 북마산파출소로 가는 대로상에서
이었다 끊어졌다 밀물치던
그 아우성의 노도(怒濤)를 …
너는 보았는가 … 그들의 앳된 얼굴 모습을 …
뿌린 핏방울은
베꼬니아의 꽃잎처럼이나 선연했던 것을 …

이 시는 김춘수(1922-2004) 시인의 시「베꼬니아 꽃잎처럼이나 - 마산사건에 희생된 소년들의 영전에」전문이다. 1960년 3월 28일 국제신보에 발표한 것이다.

짙은 홍색 또는 황적색 색채를 지닌 장미과의 꽃으로 알려진 베고니아는「피의 꽃」이라고 할 만큼 3·15와는 적격으로 조화를 이룬다. 그래서 더 곱고 산뜻하고 아름다우며 향기가 높다. 시인은 이 꽃 베고니아를 통해 남성동파출소에서 시청으로 가는 대로상에서, 또는 북마산파출소로 가는 대로상에서 희생된 젊은이들의 모습과 고귀한 핏방울을 선연하게 그려내고 있다. 베고니아 꽃잎처럼이나 선연한 애띤 얼굴 모습의 소년들을 상기하며 희생의 핏빛 감각을 살려낸 이 시는 3·15의 대표적 작품으로 꼽아도 좋을 법하다.

3·15마산시위는 제4대 정부통령 부정선거 당일이었고 민주당 마산시당이 가장 먼저 선거무효를 선언했고 최루탄 발사에 이어 실탄 총격을 감행했고 학생·시민·민주당원등 1천9백여 명이 데모를 시작, 한밤중까지 이어졌으며 사망·중경상·연행자가 대규모로 속출한 점 등 4·19혁명의 구심점으로 기록이 될 수 있었던 것이다.

3·15의거기념사업회에서 발행한 3·15의거 50주년기념 『3·15의거시전집』(2010.11.30.총756면)에 의하면 김춘수, 김수영, 조병화, 조지훈, 김용호, 김요섭, 박화목, 황금찬, 박두진, 박목월, 구상, 박남수, 김현승, 고은, 신경림 등 210명의 시 340여 편이 연대순으로 수록되어 있는데 이 방대한 작업의 문학적 역량 또한 마산이 으뜸이랄 수 있을 것이다.

4·19는 의거, 정변, 학생봉기, 학생운동, 혁명 등으로 명명하고 있었으나 문민정부로 들어서면서 4·19를 혁명으로 규정하고 1995년부터 서울 수유리 4·19묘지를 국립묘지로 승격시켜 성역화하고 매년 4월19일 국가기념행사를 개최하고 있다. 우리나라 민주화운동 금자탑의 역사를 살피는 의의는 역시 시에서 빛을 발하고 있다 할 것이다.

> 민주주의여!
> 절망하지 말아라
> 이대로 바윗 속에 끼어 화석이 될지라도
> 1960년대의 포악한 정치를
> 네가 역사 앞에 증거하리라.
> 권력의 구둣발이 네 머리를 짓밟을지라도
> 잔인한 총알이 네 등허리를 꿰뚫을지라도
> 절망하지 말아라. 절망하지 말아라.
> 민주주의여!

조지훈(1920-1968)의 「터져오르는 함성」 일부이다. 이 시는 주요한이 편집 발행하던 월간 종합문예지 《새벽》5월호

(1960.4.15.발행)에 선보인 작품이다. 3월에 이미 집필한 것으로 유추해 볼 수 있으며 4·19이전에 이미 발표된 것으로 보아 부정, 불의, 독재정치로 얼룩진 정부에 대한 강력한 선전포고로 생각해도 좋을 듯하다.

정치시(political verse) 또는 선전시(propaganda)계열의 목적시(poetry with a purpose)가 이렇게 큰 힘으로 작용하여 끈질긴 생명력을 유지하고 있는 것은 시의 용광로를 거친 시로서의 높은 표준에 도달했기 때문일 것이다. 독재도 총칼도 무릎 꿇게 한 여릿한 시의 힘은 어둠속에 빛나는 등불과도 같은 것이었다. 이 무렵에 발행된 소위 4·19시집만도 상당수에 달할 것이다. 『3·15의거시전집』자료에 의거 그 일부를 소개해 본다.

『뿌린 피는 영원히』(한국시인협회 편. 1960.5.19)
『힘의 선언』(정천 편. 1960.5.30)
『불멸의 기수』(김종윤·송재주 편. 1960.6.5)
『피어린 4월의 증언』(이상노 편. 1960.6.10)
『항쟁의 광장』(김용호 편. 1960.7.5)
『학생혁명시집』(교육평론사 편. 1960.7.10)
『추억의 혁명』(김재성 편. 1961.4.19)
『4월혁명』(4월혁명동지회 편. 1965.4.16)
『4월혁명기념시전집』(신경림 편. 1983.5.5)
『지금 마산은 - 마산시인들의 마산시편』(전문수·오하룡 편. 1987.11.20) 외 마산 3·15의거 관련시집 10권

대전의 3·8관련 시는 4·19와 어우러진 것 이외에는 발굴된

것이 없다. 동아일보, 조선일보, 대전일보, 중도일보를 비롯한 전국의 주요언론사들이 사회면 머리기사로 대서특필하여 3·8을 보도한 기사내용과 비교하면 참 안타까운 일이다. 당시 대전에 그만한 시인이 없었다는 증거일지도 모른다.

2년 뒤인 1962년 5월 25일 대전고등학교 교정에 세워진 현정탑(顯正塔)에 뜻있는 두 편의 시가 새겨진다.

내일을 향해 힘차게 일어선
우리는 영원한 횃불
여기 대능(大稜)에 치솟는 함성은
슬기로 뭉쳐 의(義)를 세운 증언
빛나는 눈이어라. 용기이어라
대고는 무한한 조국의 보람

김영덕이 쓴 「大高의 얼」 전문이다. 짤막한 6행시이지만 3·8의 주역이었던 대전고 학생들을 칭송하는 송시로서 '영원한 횃불'과 '조국의 보람'을 가슴에 담는 뿌듯한 자존심이 대능의 의기를 불태울 것이다.

대능은 대전고의 상징적 별칭으로 '큰 모서리'를 뜻하며 지금은 순수한 우리말 '한모'로 바뀌었다.

1960년 남아의 의기는 울부짖더라
불굴의 3월8일 부정과 마주섰던 4·19
이 동산에 자란 孫重瑾·李基泰·高炳來
세 송이 봉오리여

사나운 비바람에 못다금 핀 채
서울에 흩날려 지더니라
아아 「수련은 조국으로」의 마음은
이 돌에 길이 머므올가

지헌영이 쓴 이 시는 일정한 제목이 없지만 보통 「현정탑」으로 소개되고 있으며 현정탑 건립문을 대신하고 있다

현정(顯正)은 올바른 도리와 마땅한 사리와 정당한 이치를 드러내 보이는 일이며, 이는 사람이 행하는 가르침의 원리인 것이다.

시인은 이러한 현정탑에 3·8과 4·19의 정신을 동일축으로 설정하고 특히 4·19에 희생된 대전고 출신 손중근(서울대4년) 이기태(경희대3년) 고병래(중앙대3년)를 애도하며 수련(修練)은 조국으로의 마음을 주문하고 있다. '머므올가'라고 한 종결 의문형은 강력한 긍정을 촉구하는 세련된 기법으로 이 시를 더 빛나게 할 것이다.

필자가 이 시의 제목을 「수련은 조국으로」라고 붙여 본 것은 이 말의 출처가 대전고 교가 후렴구 마지막 부분 「수련은 조국으로 멈출 줄 없다」이며 이 교가 작사자 역시 지헌영선생이기 때문이다.

다음, 이 시집의 제1부에 수록된 시편들은 모두 발굴된 작품이며 내용상 또는 지연으로 3·8과 관계있는 시인들의 작품이다. 특히 국립 4·19묘지의 12기 시비에 새겨진 작품 중 정한모의 「빈 의자」 유안진의 「꽃으로 다시 살아」를 선별 수록한 것

은 지연으로서의 우수작품으로 무게를 둔 것이다. 김명아의 「삼월정신은 사월에 꽃으로 피어」나 홍순갑의 「다시 그날에」는 3·8민주의거 49주년 및 50주년 기념식에 각각 축시로 낭독한 작품이다.

제2부에 수록된 시편들은 『50년-3·8민주의거』를 발행하면서 청탁한 것이며 대부분 그 책에 수록이 되었고, 그렇지 않은 것과 그 이후의 최근 작품까지도 연대별로 수록하였다.

동에서 불어오는 바람보다
서에서 밀어닥친 파도보다
남에서 달려온 소낙비보다
보다 먼저 깨어
번개처럼 천둥처럼 달려와
푸른 들풀로 솟아나라
서로 달리며 한 몸 되어
가슴과 가슴으로 솟아나라

최원규의 「푸른 들풀로 솟아나라 - 3·8은 풀뿌리다」, 7연48행으로 된 작품 중 제2연이다. 3·8을 대표하는 『50년-3·8민주의거』 권두시로 소개되었지만 매몰차고 옹골진, 그래서 더 든든한 믿음의 나라로 자라는 풀뿌리의 민족정신을 푸른 들풀로 솟아나라고 외치고 있다. 그것도, 다른 무엇보다 더 부지런하게 달리며 한 몸 되어 가슴과 가슴으로 솟아나라고 외치고 있다. 민주정신의 승화를 염원하는 시심이 다시 3·8의 힘을 북돋아주고 있다 할 것이다.

신협은 「잊지 못하는 것을 우리는 또 살 속에서 캐고 있지」에서 민주이념의 풀빛학생혁명, 대학민국의 그 뜨거운 3·8을 생각하고 4·19를 상기하며 잊지 못하는 것을 기억의 살 속에서 캐고 있으며 구재기는 이 시집의 표제로 뽑은 「침묵은 함성으로 쌓여 흐른다」에서 '침묵으로 지게 된 무거운 짐 / 그 고통을 되새기며 / 천만년 울려오는 함성'-침묵으로 쌓여 흐르는 그 함성을 새기고 있다.

박재화는 「겨레와 더불어 역사와 더불어」에서 3·8의 건아들이 온 몸으로 보여준 맑은 이념, 맑은 정신, 진정한 오뇌, 행동하는 양심을 칭송하며 그대들이 곧 혁명의 첨병이요 민주화운동의 전설임을 각인하고 있다. 최송석은 '청보리밭 일렁이는 파도처럼 / 울컥 뜨거운 불덩이 토하며 거리로 쏟아져 나온 푸른 함성들' 그 끝없는 그리움을 노래하고 있으며 전민은 「아들아, 3·8의거를 넌 아느냐」에서 '민주화는 피로 쓴 역사'라는 사실을 후세대에 전하고 있다.

조혜식은 「함성의 길에서」를 통해 독재의 헛된 권력과 누적된 모순들의 높이가 곧 혁명으로 가는 길을 자초한 것으로 진술하고 있다. 송영숙의 「내 오라버니의 3월」은 3·8시 또 하나의 좋은 본보기를 이룬다.

내 오라버니는 정의파였지
내 오라버니는 자유를 사랑했지
내 오라버니는 민주의 종을
그 녹슨 민주의 종을
그렇게도 힘껏 두들겨댔지

3월에
대전의 그 3월에
너무 분노했던거야
사내답게 분노했던거야
그래 총칼의 모독에 항거한 거야
못생긴 정권에 궐기한 거야
새까만 독재 타도에 앞장선 거야
나에게
그 3월을 가르쳐준
오라버니 생각하고 또 생각하며
이제 숨차던 역사의 숲을 헤집고
내 오라버니
분노의 피를 적셔
이 땅의 벙그는 봄을 색칠해보는거야
봄 같지 않던 봄을 깨우던
내 오라버니의
3월을 그려보는거야

송영숙의 실제 오라버니는 파라슈트처럼 절묘한 시를 쓴 송유하(1944-1982)이다. 의문의 죽음 또는 죽음의 의혹을 남기고 떠난 오라버니를 그리며 시를 썼다 해도, 그러나 작품속의 오라버니는 3·8의 주인공들이다. 연상작용으로 순탄하게 그려졌는지 모르지만 경험 없이 역사의 의미로만 3·8을 새긴 시인의 입장을 생각하면 이 시는 참으로 훌륭하다.

녹슨 민주의 종을 두들기며 총칼의 모독에 항거하며, 못생긴 정권에 궐기하며 새까만 독재타도에 앞장서 사내답게 분노한

3·8의 주인공 내 오라버니의 분노의 피를 적셔 이 땅의 병그는 봄을 색칠하고, 다시 봄 같지 않던 봄을 깨우던 내 오라버니의 3월을 그려본다는 시심은 역사와 현실을 통찰한 시사적 의의를 지니고 있는 것이다.

살아있는 자들에 대한 의례적 상찬이나 가녀린 질타의 범주를 뛰어넘어 현존하는 역사성으로서의 시사적 의의를 정당하게 살피는 작업은 시인의 무거운 책무 중 하나일 수 있다. 그런 의미에서 이 시는 더욱 두드러진다 할 것이다.

이순옥의 「끝내 빛은 잠들지 않았네」 또한 가품이다. 청솔같이 카랑카랑한 3·8세대의 선생님 말씀을 통해서 할퀴고 뜯기고 목조이던 민주와 민주의 어둠속에 피 흘리며 정의의 빛을 뿌리던 우람한 역사 이야기를 생성시킨 작업은 3·8의 시적 공로인 것이다.

한문석은 「한그루 나무이고 싶습니다」에서 핏속에 묻혀 꽃이 범벅이 되었어도 그해 봄 자유인 모두의 가슴에 심는 한그루 나무이고 싶다는 순수의 뜻을 전하고 있다.

박영규의 「입춘연가」를 보자.

> 취할 시간이 없어
> 오히려 박해를 자초한
> 가파른 야전의 역사에서
> 3·8의 북소리 처음 끄집어내놓고
> 소리에 붙어 동의하는
> 입춘 햇살의 저 수많은 눈초리
> 뜻으로, 솟아남으로

길로, 번쩍임으로
읽는다 읽는다
읽는다 읽는다
기념탑 꼭대기에는 불덩이가 튀었다
불꽃이 번쩍거렸다.

이 시에는 -3·8민주의거기념탑을 보며-라는 부제가 붙어있다. 박영규는 서울에 살고 있지만 한 때 대전에서 살았고, 4·19 세대이지만 대전의 3·8을 전혀 모르고 있다가 우연한 안내를 받고 3·8민주의거기념탑을 보며 3·8을 파악한 시인이다.

3·8을 몰랐던 지난날을 오히려 자신의 책망으로 받아들여 '취할 시간이 없어 / 오히려 박해를 자초한 / 가파른 야전의 역사'라고 진술하고 있다. 그러나 그 야전의 역사에서 3·8의 북소리를 처음 끄집어 내놓고 민주의 북소리를 입춘 햇살의 눈초리로 읽는다. 빛의 눈초리는 곧 뜻이요, 솟아남이요, 길이요, 번쩍임이다. 기념탑 꼭대기 조각 작품으로 번쩍이는 불덩이요 불꽃인 것이다. 진부함을 벗어나 현실적 가치를 높인 작품으로 평가받을 수 있을 것이다.

그런 의미에서 보면 이정희의 「종소리 울려라, 종소리 울려」도 빼놓을 수 없다. 이 종소리는 물론 크리스마스 캐럴의 종소리도 아니요 제야의 종소리도 아니요, 눈물 스며든 에밀레 종소리도 또한 아니다. 민주의 종소리요, 자유의 종소리요, 3·8의 종소리요, 4·19의 종소리다. 대한민국의 이 검붉은 종소리가 체코로 그루지아로 우크라이나로 키르키즈스탄으로 레바논으로 미얀마로 튀니지로 이집트로 울려 퍼져 민주화의 터전을 이루었고 다시 리비아로 이란으로 중국으로 레드꼬레아 얼어붙은 북녘 땅으로 울려 퍼져 민주화를 이룩하기를 기대하고 있다. 그래서 3·8의 종소리는 민주화의 거룩한 수출품이 된 것이다.

언급하지 못한 더 많은 작품들에 대해 애정이 반감된 것은 물론 아니다. 2·28, 3·15, 4·19등 3·8의 이웃 작품까지 수백 편을 읽었고 ① 증언의 자료로서 ② 새로움의 각도에서 보았기 때문에 언급 자체가 일부에 그친 것이고, 우열의 판단을 한 것은 아니다.

이제 3·8이나 4·19에 직접 참여하지 않았다거나, 3·8을 모른다거나, 그 때는 더욱 태어나지도 않았다거나 … 이런 것이 3·8의 시를 쓰지 못하는 이유가 되지 않을 것이다. 3·8 & 4·19관련시를 순수시의 영역을 벗어난 단순한 기념시나 축시로 생각하고 그런 유형의 시를 쓰지 않겠다고 한다면 그런 의지는 수정되어야 할 것이다. 좋은 시는 시의 유형과는 관계가 없는 것이다.

3·8은 지금 시작이라 해도 좋다. 민주·정의·자유·평화 등, 또는 불의·부정·부패·독재·혁명 등 이러한 품목은 시인의 가슴속을 맴도는 평생의 시의 주제로 빛을 발할 수 있기 때문이다. 3·8민주의거는 다시 열린 세계의 시의 품속으로 진군할 수 있을 것이다.